監修：ポノス株式会社、
井田仁康（筑波大学人間系教授）

KADOKAWA

世界の国の特色を にゃんこといっしょに 学べる本にゃ!

日本全国を攻略したにゃんこたちは、
世界でも人気になろうと考えて、
世界一周の旅に出ることにしたにゃ。

きみも世界の国にくわしくなれば、
社会の勉強がトクイになって…

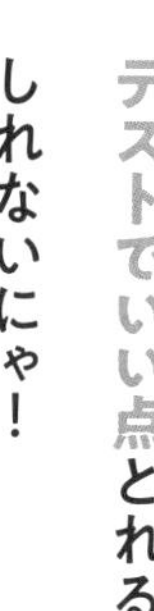

テストでいい点とれるかも
しれないにゃ！

しかも、ニュースの内容が
わかるようになったり…
海外旅行のときに役立ったり
するかもにゃ！

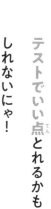

もちろん、
旅行に行けなくても…
おうちの中でにゃんこと
世界一周旅行した気分に
なれるにゃ！

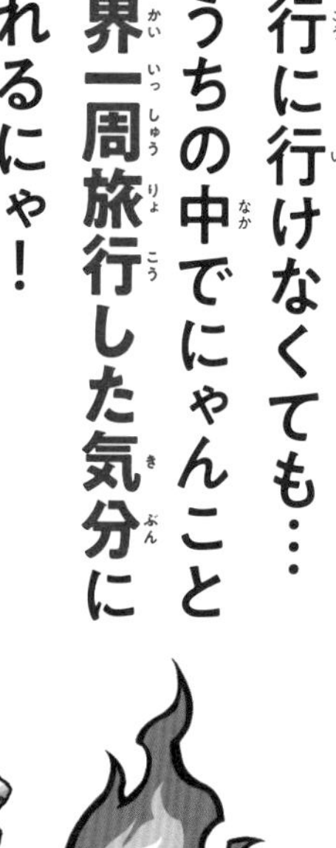

なんだか

これが世界地図にゃ⁉ 日本が小さく感じるにゃ！

3｜北アメリカ

4｜南アメリカ

オタネコ、案内はよろしくにゃ！

ネコ

「にゃんこ大戦争」の基本キャラ

2 ヨーロッパ

1 アジア

日本

5 アフリカ

6 オセアニア

もちろんにゃ！
1から6の順に世界を
めぐるにゃ。

オタネコ

調べものは
お手のもの

目次

この本では、世界197か国のうち59の国について紹介しているにゃ。

とくにこだわりがなければ最初から順番に読むことをオススメするにゃ

この本の使い方

『にゃんこ大戦争』のゲームのなかに出てくる敵城にゃ。紹介する国の特徴があらわれてたりあらわれてなかったりするにゃ! にゃんこ城の場合もあるにゃ。

紹介する国の特色を8つのマークで説明しているにゃ。

自然　歴史(場所・人物)　くらし・文化

漁業　農業・畑作　畜産業

その他の産業　グルメ

◉首都　◎その他の都市

オタネコが調べた、**ぜひ知っておきたい重要な情報**を教えてくれるにゃ。

紹介する国の基本データが書いてあるにゃ。小さいけど、何事も基本は大切にゃ。

紹介する国の場所がわかるにゃ。自分がどこにいるかいつも意識する。それが人生の教訓にゃ。

※本書は2023年3～6月時点で得られた情報を基に作成しています。

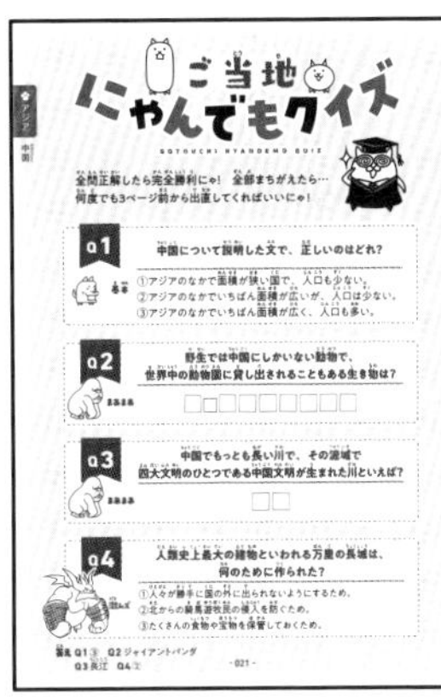

くわしい情報が読めたり、クイズにも挑戦できるにゃ！クイズの答えはすぐ下にゃ！

※国によっては、誌面の都合で、地図と同じ見開きに小さく掲載している場合もあるにゃ。

さらに…「オタネコの極秘レポート！」をときどきお届けしているにゃ！大人もびっくりのちょっぴり難しい内容だから、ここまで読めたら世界の国のエキスパートと言っても過言ではないにゃ。

オススメの使い方

まずは吾輩とオタネコの会話を読んでほしいにゃ。

会話のなかにでてきたものを、地図や写真で確認すればカンペキにゃ！

もっとくわしく知りたいキミは、「大人の仲間入りにゃ」を隅から隅まで読めばさらにかしこくなれちゃうにゃ！

クイズは挑戦制限なし！全問正解するまで何度でもチャレンジしてOKにゃ！

友達や家族と出題しあっても楽しいにゃ〜！

出発する前に①

地図の見方

「経線」「緯線」という線を使って、丸い地球の位置を平面に正しく表しているにゃ！

北極
経線
本初子午線
赤道
緯線
南極

東

赤道
地球の中心を通る緯度0°の点を結んだ線にゃ。

日付変更線
日付を変更する境界線にゃ。経度180°が基本だけど、国の中を通ることがあるので国境に合わせて東や西にずれているにゃ。

ヨコの線　緯線（緯度）
赤道からどれくらい北または南に位置するかを示すものにゃ。

とはいえまずは「赤道」だけわかってればこの本は読めるにゃ。

タテの線

経線（経度）

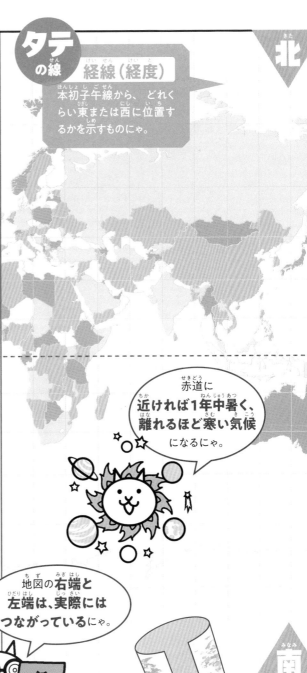

本初子午線から、どれくらい東または西に位置するかを示すものにゃ。

本初子午線

経度0°の経線にゃ。イギリスの旧グリニッジ天文台を基準にしてるにゃ。

北

西

南

本初子午線は**世界の時間の基準**にもなっているにゃ。

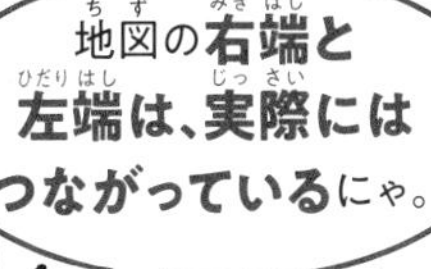

赤道に**近ければ1年中暑く、離れるほど寒い気候**になるにゃ。

地球って、**丸い**もんにゃ。

地図の**右端と左端は、実際にはつながっている**にゃ。

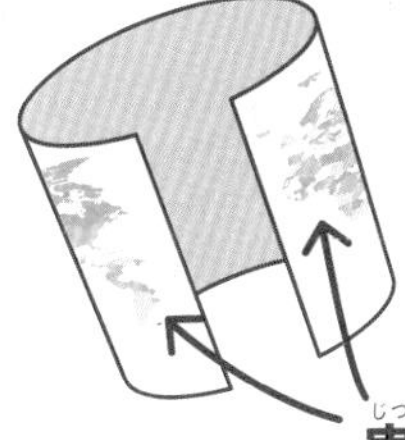

実は近い！

出発する前に 2

6つの大陸と3つの大洋

世界はざっくりわけて、6つの「大陸」と3つの「大洋」でできてるにゃ。

大陸と大洋の名前をおぼえられたら立派にゃ。

南極大陸はどの州にも属してないにゃ。

ちなみにどの国のものでもないにゃ。

大陸の名前とは別に6つの「州」という地域の呼び名もあるにゃ。

「アジア」「ヨーロッパ」「オセアニア」っていうのは、州の呼び名にゃ!

出発する前に 3

そもそも「国」ってなんにゃ？

「今日からここは『にゃんこの国』！」って自分で決めたら国になるにゃ？

そんなかんたんに国はできないにゃ。

じゃあみんなどうやって「国」を作ったにゃ？

「国」として成り立つためには、いくつか条件があるにゃ。たとえば…

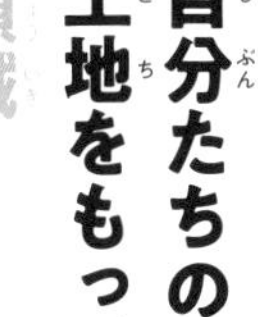

国の基本条件3つ

自分たちの土地をもっている

領域

自分の島にゃ。

そこに住む人たちがいる

国民

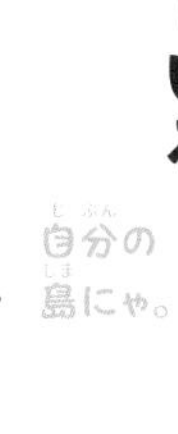

住んでるにゃ。

自分の国のことは自国で決める

主権

行き先はあっちにゃ！

この3つがあれば、明日からにゃんこの国も作れちゃうにゃ!?

それでもまだ難しいかもにゃ。**ほかの国や国際的な機関が認めてくれないと、国としては成立**しないにゃ。

2023年現在、**日本が「国」として認めているのは世界に195か国**にゃ。

国を作るのもかんたんじゃないにゃ…！

出発する前に 4

日本ってどんな国にゃ？

世界3位※の経済大国！

アメリカ、中国についで世界3位※の経済大国にゃ。首都の東京は世界有数の大都市にゃ！

（※2021年GDP）

JAPAN

基本データ

正式国名 日本国
首都 東京
面積 37万8千km²
人口 1億2,322万4千人
主な言語 日本語　通貨 円

人口は11位。※ 国土は61位。※

まわりを海に囲まれた島国で、国土の広さに比べて人口は多めにゃ！

（※2021年）

和食はユネスコ無形文化遺産！

ヘルシーで見た目も美しい和食はユネスコの無形文化遺産に登録されているにゃ！

自動車の生産台数世界3位！※

工業技術の高さは世界トップクラス！なかでも自動車産業がさかんにゃ。

（※2021年）

大部分が温帯ではっきり四季がある！

本州などそのほとんどが温帯で四季があるにゃ。ただ南北に長い形をしているから、北海道は冷帯（亜寒帯）、沖縄は亜熱帯で気候の変化に富んでいるにゃ！

アニメ・ゲームが世界で人気！

日本のマンガやアニメ、ゲームは世界で大人気にゃ！

日本のことがわかったら、さっそく世界へ出発にゃ！

ユーラシア大陸のおよそ真ん中から東と、そのまわりの島々！

国がいっぱいあるにゃ！

アジアには**世界の人口の約6割**が住んでいて、**暮らし方も気候も宗教もさまざまにゃ！**

国も人も暮らしもたくさんということは…**にゃんこを好きになってくれる人がたくさんいる**ってことにゃ!?

アジアはすごいスピードで成長しているし、すごい勢いで好きになってくれるかもにゃ。

東アジア

日本を含む、中国、韓国など！中国の文明などに影響を受けて発展してきた地域。ここ最近も中国を中心に人口が増え、経済発展がますます進んでいる！

東南アジア

赤道に近くて暑い島国が多い！稲作がさかんな地域が多い一方、工業化で急速に成長している都市部も！

西アジア

トルコ周辺とサウジアラビアを中心としたアラブの国々で、石油資源が豊富! イスラム教徒が多い!

中央アジア

鉱山資源が豊富で、イスラム教徒が多い! かつてはシルクロードの重要地点として栄えた!

ロシア

カザフスタン p.68

ジョージア

ウズベキスタン p.70

キルギス

アゼルバイジャン

トルコ p.34

トルクメニスタン

タジキスタン

アルメニア

キプロス

シリア

ブータン p.62

レバノン

パレスチナ

イスラエル

ヨルダン

イラク p.74

イラン p.72

アフガニスタン

ネパール p.60

バーレーン

パキスタン p.66

カタール

サウジアラビア p.38

オマーン

インド p.26

バングラデシュ p.64

イエメン

アラブ首長国連邦 p.76

ミャンマー p.58

南アジア

インドを中心に人口増加が続き、急速に成長中! ヒンドゥー教やイスラム教、仏教と宗教もさまざま!

スリランカ

モルディブ

赤道

さっそく
それぞれ詳しく見ていくにゃ!

中国マップ

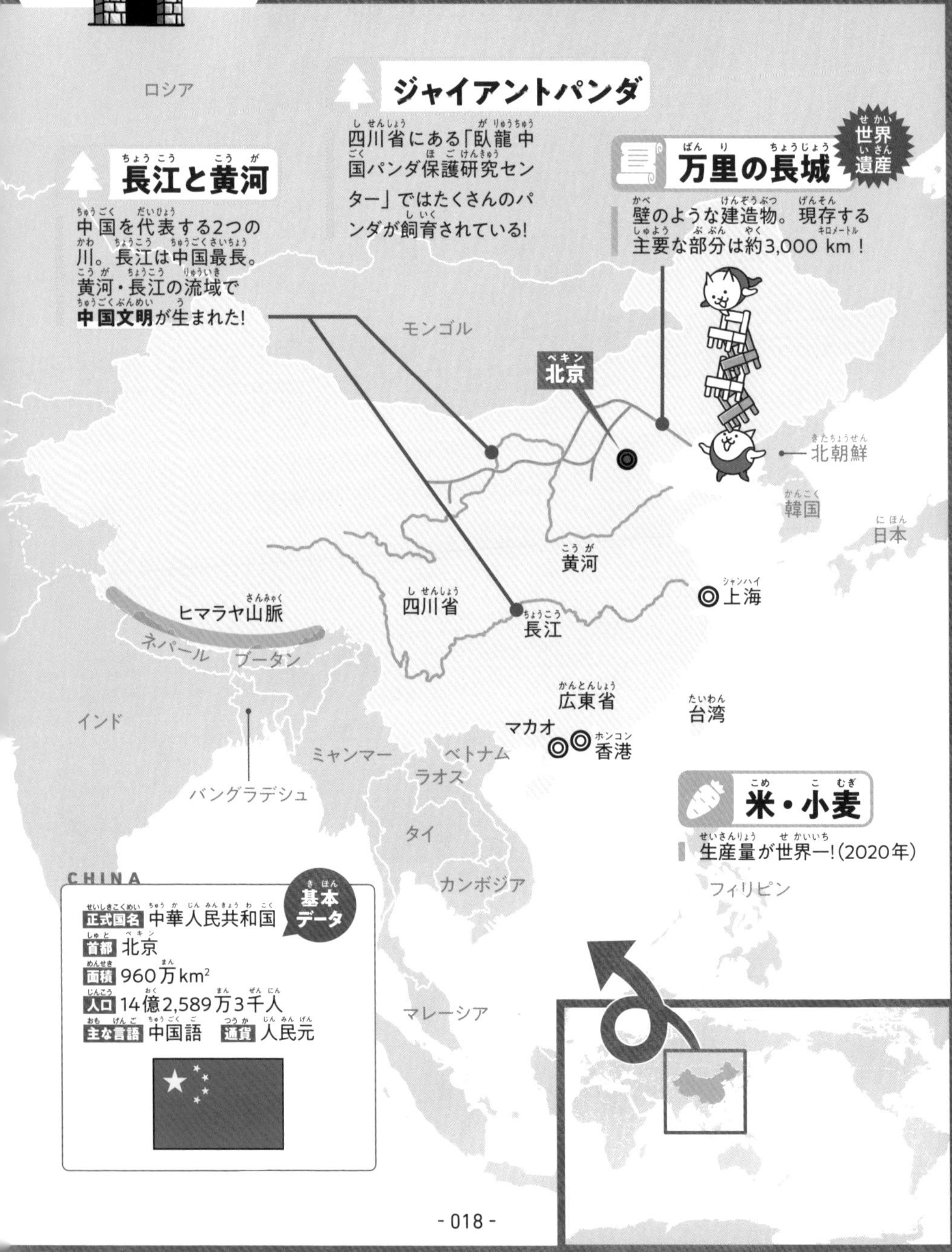

ロシア

ジャイアントパンダ

四川省にある「臥龍 中国パンダ保護研究センター」ではたくさんのパンダが飼育されている!

長江と黄河

中国を代表する2つの川。長江は中国最長。黄河・長江の流域で**中国文明**が生まれた!

万里の長城

世界遺産

壁のような建造物。現存する主要な部分は約3,000 km!

モンゴル

北京

北朝鮮

韓国

日本

黄河

四川省

長江

上海

ヒマラヤ山脈

ネパール

ブータン

広東省

台湾

インド

マカオ

香港

ミャンマー

ベトナム

ラオス

バングラデシュ

米・小麦

生産量が世界一!(2020年)

タイ

カンボジア

フィリピン

マレーシア

CHINA

基本データ

正式国名 中華人民共和国
首都 北京
面積 960万km²
人口 14億2,589万3千人
主な言語 中国語　**通貨** 人民元

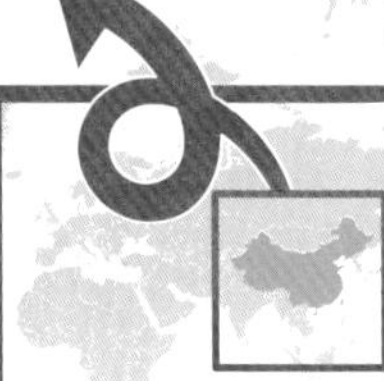

まずは中国！　**アジアでいちばん面積が広い国で、人口の多さもトップクラス**にゃ！

それなら、国中の人が好きになってくれたら、すごいアイドルになれちゃうにゃ!?

残念ながらこの国には、もうすごいアイドルがいるにゃ。**ジャイアントパンダ**っていう世界のアイドルが…。

もねことどっちがかわいいにゃ…？

かわいさは人それぞれ…比べるなんてナンセンスにゃ。

熊の仲間で、**野生では中国にしかいない貴重な動物**にゃ。

足して2で割るとそっくりにゃ。

なるほど、ざっくりまとめると中国はパンダ王国、と…。

ざっくりしすぎにゃ！　広大な土地を生かした農業もさかんで**米や小麦の生産量世界一**※だし、商業や工業も発展していて**世界第2位の経済大国**※にゃ！

（※2020年）

GDP（国内総生産）という数字で経済状況をはかることができるにゃ。

スケールが大きい話になってきたにゃ！

古代には**黄河**の流域で世界四大文明のひとつ**黄河文明**が生まれた、歴史もなが～い国にゃ。

ざっと4千年以上の歴史にゃ。

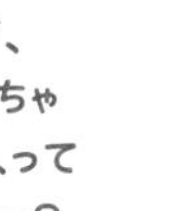

ふんふん、いろいろすごいにゃ！　つまりざっくりまとめると…。

パンダ、めちゃくちゃかわいい、ってことにゃ…？

まったくまとめにはなってないけど、同感にゃ。

これ知ってたら、大人の仲間入りにゃ。

歴史 世界遺産

万里の長城

人類史上最大の建物といわれている細長い城にゃ。北から騎馬遊牧民が攻めてくるのを防ぐために作られて、現存する主要な部分は約3000kmにゃ。完成まで2000年以上かけて作られたといわれているにゃ！

グルメ

中華料理

世界三大料理のひとつに数えられる料理にゃ。四大中華料理と呼ばれる四川・広東・上海・北京の中華料理があって、「唐辛子や花椒を使う辛い料理の多い四川」、「海産物をたくさん使う広東」など、それぞれ特徴が異なるにゃ。

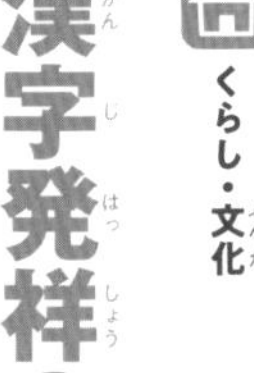

くらし・文化

漢字発祥の地

日本で使われている漢字は、もともと中国から伝わったものにゃ。古くから世界有数の文明国だった中国は、漢字以外にも稲作や箸、紙、仏教などたくさんの文化や発明を伝えて、日本に影響を与えてきたにゃ。

ご当地にゃんでもクイズ

GOTOUCHI NYANDEMO QUIZ

全問正解したら完全勝利にゃ!　全部まちがえたら…
何度でも3ページ前から出直してくればいいにゃ!

Q1

中国について説明した文で、正しいのはどれ?

基本

①アジアのなかで面積が狭い国で、人口も少ない。
②アジアのなかでいちばん面積が広いが、人口は少ない。
③アジアのなかでいちばん面積が広く、人口も多い。

Q2

野生では中国にしかいない動物で、
世界中の動物園に貸し出されることもある生き物は?

まあまあ

Q3

中国でもっとも長い川で、その流域で
四大文明のひとつである中国文明が生まれた川といえば?

まあまあ

Q4

人類史上最大の建物といわれる万里の長城は、
何のために作られた?

激ムズ

①人々が勝手に国の外に出られないようにするため。
②北からの騎馬遊牧民の侵入を防ぐため。
③たくさんの食物や宝物を保管しておくため。

答え Q1③　Q2 ジャイアントパンダ
Q3 長江　Q4②

韓国マップ

中国

北朝鮮

軍事境界線

北朝鮮との境界線。
「国境」として定まっていない。

板門店

朝鮮戦争の休戦会談が行われた場所。今も北朝鮮との連絡会議が開かれる。

ソウル

漢江

ソウルの中心を流れる川。韓国の経済発展は、「漢江の奇跡」と呼ばれることも。

漢江

済州島

韓国最南端の火山島。暖かく観光地として人気。

釜山

日本

済州島

キムチ

白菜、唐辛子などを使って作る発酵食品。韓国のソウルフード。

KOREA

基本データ

- **正式国名** 大韓民国
- **首都** ソウル
- **面積** 10万km²
- **人口** 5,183万人
- **主な言語** 韓国語　**通貨** ウォン

日本からいちばん近い外国、韓国に到着にゃ！

近いってことは、似てることもあるにゃ？

四季のある気候は似てるにゃ。でも日本より冬はもっと寒く、夏はもっと暑い傾向があるにゃ。

こたつがあればどんなに寒くてもへっちゃらにゃ。

こたつより「オンドル」っていう床暖房が一般的にゃ。

韓国伝統の発酵食品**キムチ**を食べれば体も温まるにゃ。

人気がありそうな食べ物にゃ！

ほかにも**「K-pop」**って呼ばれる音楽とか、**エンターテインメント産業**もアジアを中心に人気にゃ。

K-popアイドルにあこがれてダンスを始めたにゃ。

同じくにゃ！

片方、だいぶ方向性をまちがっている気がするにゃ。

あとは、最近は**スマートフォンや自動車などの工業がさかん**で、世界の先端をいく企業もあるにゃ！

なんだか華やかにゃ！ そういえば、地図にある白い点線はなんにゃ？ 軍事境界線？

韓国はもともと北朝鮮と合わせてひとつの国だったけど、**戦争でふたつに分かれてしまった**にゃ。今は休戦中だけど、**国境が正式には決まっていない**から点線になってるにゃ。

なるほど、いろいろ事情があるにゃ…。

そうにゃ。事情があるにゃ。

これ知ってたら、大人の仲間入りにゃ。

グルメ

サムギョプサル

豚のバラ肉を厚切りにして焼く焼肉料理にゃ。韓国では「焼肉」といえば豚肉の場合が多いにゃ。カリカリに焼いた肉を、キムチや調味料といっしょにサンチュやえごまの葉に包んで食べるのが韓国流にゃ。

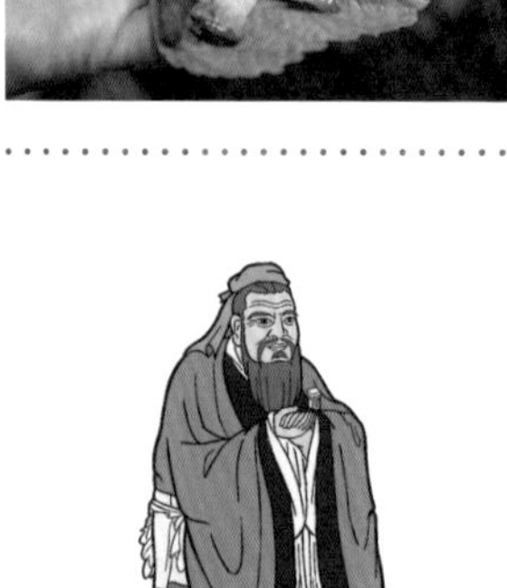

くらし・文化

儒教

孔子という人の教えを基に生まれた価値観・考え方のことにゃ。家族のきずなや年長者を敬うことをとても大切にする考え方で、韓国の文化に強い影響を与えているにゃ。

◀孔子

板門店

北朝鮮との軍事境界線上の地名にゃ。1953年に朝鮮戦争の休戦会談が行われた場所で、今でも北朝鮮と韓国の連絡会議が行われることもあるにゃ。停戦の約束を守っているか監視する役目もあって、60年以上にわたる分断を象徴する場所でもあるにゃ。

ご当地にゃんでもクイズ

GOTOUCHI NYANDEMO QUIZ

全問正解したら完全勝利にゃ！　全部まちがえたら…
何度でも3ページ前から出直してくればいいにゃ！

Q1

韓国伝統の発酵食品で、唐辛子などを使って作る
辛い漬物といえば？

基本

□□□

Q2

韓国の首都といえば？

基本

Q3

古代中国の孔子という人の教えを基に生まれた
価値観・考え方のことを何という？

まあまあ

□教

Q4

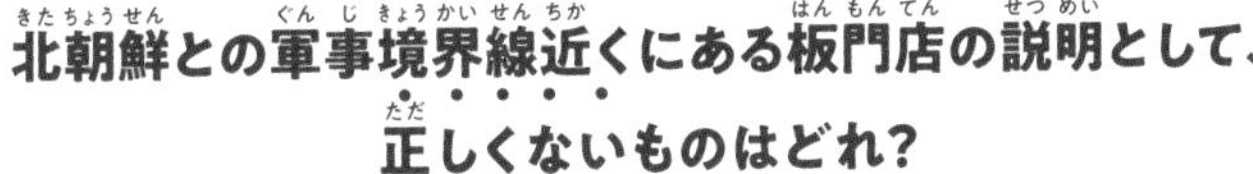

北朝鮮との軍事境界線近くにある板門店の説明として、
正しくないものはどれ？

激ムズ

①朝鮮戦争の休戦会談が開かれた。
②北朝鮮と韓国の連絡会議が開かれることがある。
③毎月市場が開かれ、北朝鮮と韓国のものを売り買いできる。

答え Q1 キムチ　Q2 ソウル
Q3 儒（教）　Q4 ③

インドマップ

アフガニスタン
パキスタン
ニューデリー
ヒマラヤ山脈
ネパール
ブータン
ガンジス川
バングラデシュ
ミャンマー
ムンバイ
デカン高原
スリランカ

ガンジス川

ヒンドゥー教徒にとって**聖なる川**。**インド最長の川**で、ヒンドゥー教徒は体を洗って清めたりする。

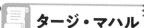

タージ・マハル

世界遺産

イスラム教の霊をまつる建物で、世界遺産に登録されている。

インド映画

年間製作本数が世界一! 明るい歌やダンスが特徴。

カレー

香辛料をたくさん使うカレーはインドの代表料理!

INDIA

基本データ

正式国名 インド
首都 ニューデリー
面積 328万7千km²
人口 14億756万4千人
主な言語 ヒンディー語、そのほか21の言語　**通貨** ルピー

中国に次いで世界2位の人口(2021年時点)。2023年には世界一になると予想されているにゃ!

オタネコ！　たいへんにゃ！　さっき街の人に怒られたにゃ！　ウシネコに乗って歩いてただけなのに…。

ウシネコ…なるほどにゃ。インドでは**約80％の人が ヒンドゥー教**という宗教を信じているにゃ。

それは…ネコを怒れって教えがある宗教にゃ？

そうじゃなくて、**牛が神聖な動物**とされてるにゃ。だから牛肉は食べないし、牛を粗末にあつかうと怒られるにゃ。

それなら、インドにいる間はウシネコを大事にするにゃ。

どうせなら
いつでも
大事にして
ほしいにゃ…。

インドを流れる**ガンジス川**も、ヒンドゥー教徒にとってはとっても大事な**聖なる川**にゃ！　沐浴といって、川につかって体を清めたりするにゃ。

聖なる川…かっこいい響きにゃ…！

聖なる川をながめながら、腹ごしらえはどうにゃ？インドはみんな大好き、あの料理の発祥の地にゃ！

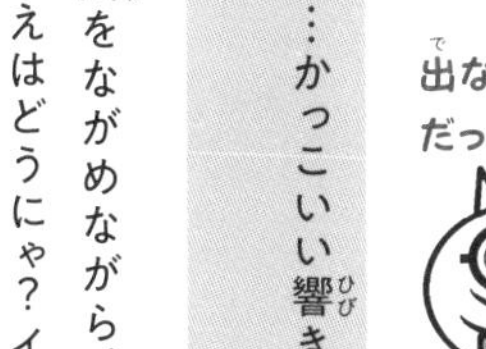

お湯出るにゃ？
出ないにゃ。
だって川だから。

みんな大好き…冷凍ミカン？

ちがうし、それは料理と呼んでいいか微妙なラインにゃ。正解は、**カレー**！　インドといえばカレーにゃ！

スパイスのいいにおいで、自然と踊りたくなるにゃ…！

それ、**インド映画**のワンシーンにありそうにゃ！　インドは映画産業もさかんで、たくさん映画を作ってるにゃ！

インドで映画スター、めざしてみようかにゃ…！

これ知ってたら、大人の仲間入りにゃ。

タージ・マハル

歴史
世界遺産

17世紀前半に建てられた、イスラム教の霊廟（霊をまつる場所）にゃ。当時のムガル帝国の皇帝が、亡くなった妻のために建てたにゃ。とても美しい左右対称の建物で、世界文化遺産に登録されているにゃ。

ガンジー

歴史

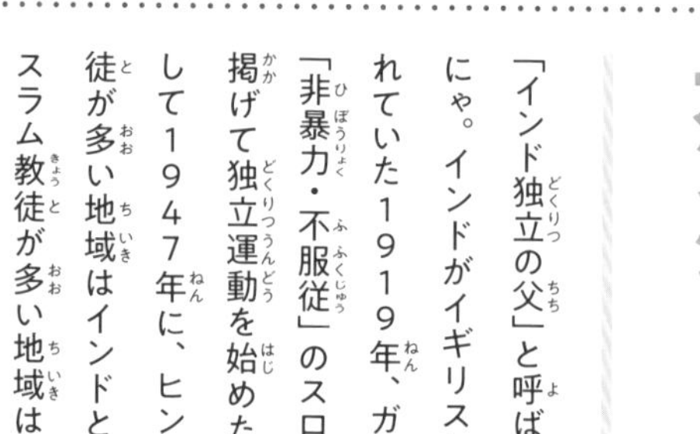

「インド独立の父」と呼ばれる人物にゃ。インドがイギリスに支配されていた1919年、ガンジーは「非暴力・不服従」のスローガンを掲げて独立運動を始めたにゃ。そして1947年に、ヒンドゥー教徒が多い地域はインドとして、イスラム教徒が多い地域はパキスタンとして、見事独立したにゃ。

ICT産業

産業

インドのICT産業は技術力が高く、世界の多くのICT企業がインドに拠点を置いているにゃ。インドには「カースト」という身分制度があって、職業や結婚相手も身分によって決められていたにゃ。でもICT産業は新しい職業で、カーストの決まりがなかったにゃ。古い身分に関係なく優秀な人材が集まったおかげで、急速に発展したといわれているにゃ！

ご当地にゃんでもクイズ

GOTOUCHI NYANDEMO QUIZ

全問正解したら完全勝利にゃ！　全部まちがえたら…
何度でも3ページ前から出直してくれればいいにゃ！

Q1 基本

インドの約80％の人が信じている、牛を神聖な生き物と考える宗教といえば？

□□□□□教

Q2 まあまあ

Q1の宗教で「聖なる川」として大切にされている川といえば？

□□□□川

Q3 まあまあ

インドにあるイスラム教の建物で、当時の皇帝が亡くなった妻のために建てた左右対称の姿が美しい霊廟（霊をまつる建物）といえば？

□□□・□□□

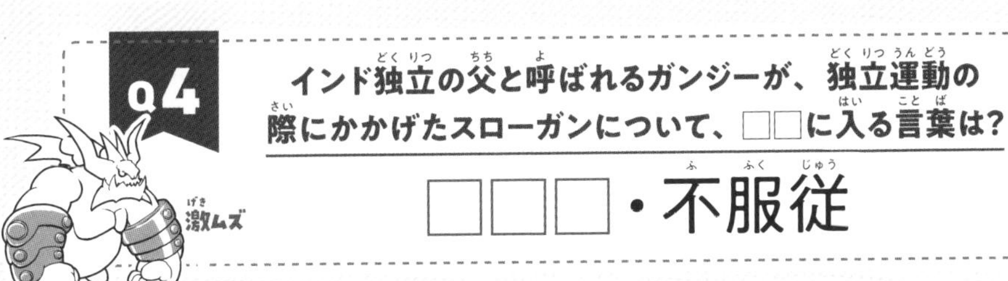

Q4 激ムズ

インド独立の父と呼ばれるガンジーが、独立運動の際にかかげたスローガンについて、□□に入る言葉は？

□□□・不服従

答え Q1 ヒンドゥー教　Q2 ガンジス(川)
Q3 タージ・マハル　Q4 非暴力

タイマップ

ミャンマー
ラオス
メコン川
チャオプラヤ川
バンコク
ベトナム
カンボジア

アユタヤ遺跡
世界遺産

仏教の塔や仏像などがたくさん残っている。

水上マーケット

舟に売り物を積んで売り買いする。バンコクの観光名物になっている!

ワット・ポー

涅槃仏という、横になった姿の仏像が有名な仏教寺院。

トムヤムクン

代表的なタイ料理で、辛くて酸っぱい、エビの入ったスープ。**世界三大スープ**のひとつと呼ばれている!

THAILAND

基本データ

正式国名 タイ王国
首都 バンコク
面積 51万3千km²
人口 7,160万1千人
主な言語 タイ語　**通貨** バーツ

「バンコク」は国際的な呼び方だけど、正式名称はカタカナで書くと123字もあるほど長いにゃ!

ゾウがいるにゃ！

ゾウはタイの大事な動物にゃ。もともとは林業のために木材を運んだりしてたにゃ。

今は主に観光のために活躍中。

乗りたいにゃー
乗せてにゃー

人気者にゃ…！

仏教でも大事な動物とされてるから、**国民の約9割が仏教徒**のタイではゾウは特別な存在にゃ！

ネコは？ネコは特別な存在じゃないにゃ？

それは人による…にゃ。

大変にゃ！　道が水浸しになっているにゃ！

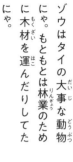

チャオプラヤ川があふれて洪水になっているにゃ。バンコクは洪水が多くて、政府が対策しても追いつかないらしいにゃ。

なんでそんなに洪水になるにゃ？

チャオプラヤ川のまわりは地面が低い位置にあって、氾濫しやすいにゃ。それに、**雨季・乾季がある**せいもあるにゃ。

うき・かんき…？

タイは一年中暖かくて、**雨がたくさん降る時期とほぼ降らない時期**に分かれているにゃ。最近は雨季と乾季がそこまではっきり分かれてないけどにゃ。

ウキウキ気分で、
カンカン踊りを
踊るにゃ…？

全然ちがうことを想像している気配を感じるにゃ。

チャオプラヤ川のまわりは**農業**もさかんで、日本にもたくさん**お米を輸出**しているにゃ！

まさか、実はタイ出身…？

また何か想像してるにゃ…？

これ知ってたら、大人の仲間入りにゃ。

歴史

ワット・ポー

1788年にラーマ1世というタイの王様が建てた、バンコクでいちばん古い仏教寺院にゃ。「涅槃仏」という、横になっている姿の大仏があることで有名にゃ。その全長はなんと46mにもなるにゃ！

産業

自動車工業

近年タイでは自動車工業がどんどん発展しているにゃ。東部にあるイースタン・シーボード工業団地は、アメリカの自動車生産の中心地・デトロイトになぞらえて「東洋のデトロイト」と呼ばれることもあるにゃ。

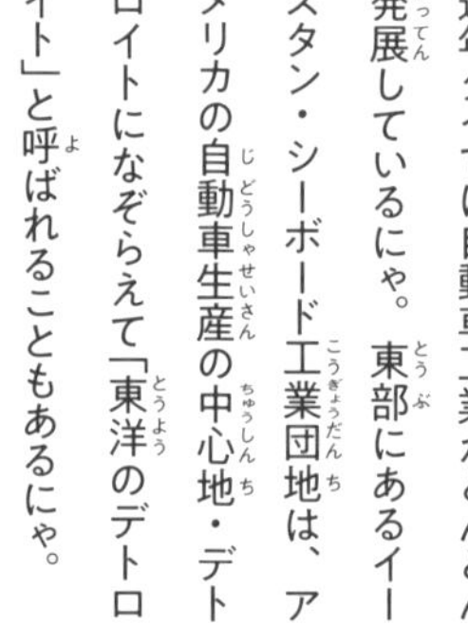

くらし・文化

男性の多くは出家を経験

タイの男性には、仏教徒として結婚前に一度出家して修行する習慣があるにゃ。出家といっても、子供のうちに数日～数週間で済ますこともできるらしいにゃ。

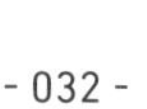

ご当地にゃんでもクイズ

GOTOUCHI NYANDEMO QUIZ

全問正解したら完全勝利にゃ! 全部まちがえたら…
何度でも3ページ前から出直してくればいいにゃ!

Q1 基本

タイの首都は?

□□□□

Q2 まあまあ

タイの国民の約9割が信じている宗教といえば?

□教

Q3 まあまあ

バンコクでいちばん古い仏教寺院で、横になった姿の大仏像があることで有名なお寺といえば?

□□□・□□

Q4 激ムズ

タイのバンコクで洪水が多いのはなぜ?
当てはまるものを2つ選ぼう。

①水量の多いメコン川が近く、氾濫しやすいから。
②チャオプラヤ川の周りは土地が低く、川から水が氾濫しやすいから。
③雨季・乾季のある気候で、雨季にはまとめてたくさんの雨が降るから。

答え Q1 バンコク　Q2 仏(教)
Q3 ワット(・)ポー　Q4 ②、③

トルコマップ

イスタンブール

ヨーロッパとアジアの境目にある**トルコ最大の都市**。ローマ帝国の時代から、重要な都市として栄えてきた。

ブルーモスク 世界遺産

青いタイルが美しい、イスラム教の礼拝堂。

カッパドキア奇岩群 世界遺産

キノコのような不思議な形の岩がたくさんある。

ボスポラス海峡

ヨーロッパとアジアの境目となる海峡。

TURKEY

基本データ

正式国名 トルコ共和国
首都 アンカラ
面積 78万4千km^2
人口 8,477万5千人
主な言語 トルコ語　**通貨** トルコ・リラ

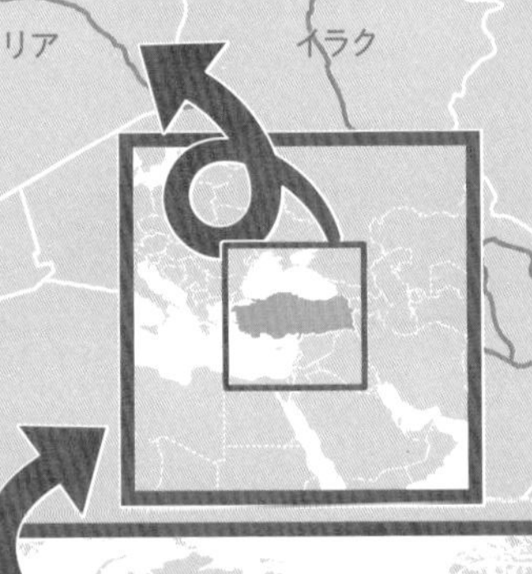

トルコは、**東西文明の十字路**っていわれてるにゃ。

十字路って、交差点のことにゃ？ 道路がたくさんある国にゃ？

そうそう、とにかく道がたくさんあって…って、**ちがうにゃ！**

出たにゃ！ オタネコのノリツッコミ！！

アジアとヨーロッパの境目にある国だから、両方の文化が混ざる場所って意味にゃ！

文化って、混ざるとどうなるにゃ？

両方の文化のいいところが合わさって、キレイなものやおいしいものがたくさん生まれたにゃ。

ネコと魚を混ぜるとこんな感じの仕上がりにゃ。

いいとこどりのいい例にゃ！

中でも、**トルコ料理は世界三大料理**に数えられるくらいおいしいにゃ！

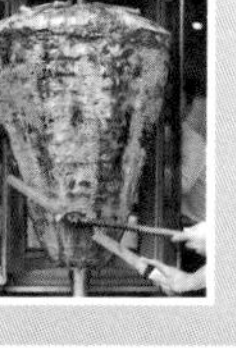

ドネルケバブに伸びるアイス…！ 本当においしいものばっかりにゃ！

こんなにおいしくなるなら、もっと文化を混ぜるといいにゃ！

文化をホイップクリームみたいなものだと思ってるにゃ…？

ハマムっていう公衆浴場もおすすめにゃ！ サウナみたいに入るお風呂で、古代ローマ時代から続く文化にゃ！

日本のお風呂とちがって、タオルを巻いたり、水着で入ってもいいらしいにゃ！

古代ローマ時代っていつにゃ？ 100年前くらい？

ざっと3000年前にゃ。

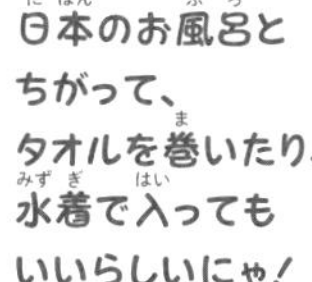

予想を大きく超えてきたにゃ。

これ知ってたら、大人の仲間入りにゃ。

ブルーモスク

歴史　世界遺産

イスタンブールにあるイスラム教の礼拝堂で、青いタイルの美しさが有名にゃ。正式にはスルタンアフメト・モスクというにゃ。昔イスタンブールがオスマン帝国というとても大きなイスラム教の国の首都だった時代に建てられたにゃ。

カッパドキア奇岩群

自然　世界遺産

キノコのような不思議な形をした岩がたくさんある一帯にゃ。今から1700年くらい前にローマ帝国でキリスト教が禁止されたとき、キリスト教徒が隠れて住んだ洞窟も残っていて、世界遺産にも登録されているにゃ。

気球に乗って観光するのが人気

クルド人問題

トルコとイラン、イラク、シリアなどの国境の近くに暮らすクルド民族は、自分たちの国を持ちたいと願っているにゃ。今は大部分がトルコ国内に住んでいるけど、クルド人の国として独立したい民族側と、独立されたくない国側との間で対立があるにゃ。

トルコ
アルメニア
イラン
シリア
イラク

…クルド人が主に住んでいる地域

ご当地にゃんでもクイズ

GOTOUCHI NYANDEMO QUIZ

全問正解したら完全勝利にゃ！　全部まちがえたら…
何度でも3ページ前から出直してくればいいにゃ！

Q1

基本

トルコの首都は？

□□□□

Q2

まあまあ

ボスポラス海峡の両岸にある、ヨーロッパとアジアにまたがったトルコの都市といえば？

□□□□ブール

Q3

まあまあ

トルコにある、青いタイルの美しいイスラム教の礼拝堂「スルタンアフメト・モスク」は通称何と呼ばれている？

□□□モスク

Q4

激ムズ

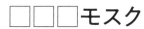

トルコが「東西文明の十字路」と呼ばれるのはなぜ？

①世界で最初に道路ができた国だから。
②ヨーロッパとアジアの境目にある国だから。
③世界でいちばん長い道路のある国だから。

答え **Q1**アンカラ　**Q2**イスタン(ブール)
Q3ブルー(モスク)　**Q4**②

サウジアラビアマップ

メディナ

イスラム教の創始者ムハンマドのお墓がある。イスラム教三大聖地のひとつ。

メッカ

世界三大宗教のひとつ・イスラム教**最大の聖地**!

石油

サウジアラビアは**石油の輸出量が世界一**!(2019年)産出量も世界トップクラス!

ヨルダン
イラク
クウェート
リヤド
イラン
メディナ
メッカ
アラブ首長国連邦
オマーン
紅海
イエメン

ルブアルハリ砂漠

4か国にまたがる、世界最大級の砂漠。石油埋蔵量が世界最大のガワール油田もある!

SAUDI ARABIA

基本データ

正式国名 サウジアラビア王国
首都 リヤド
面積 220万7千km^2
人口 3,595万人
主な言語 アラビア語
通貨 サウジアラビア・リヤル

ここはどこにゃ？
すごく暑いにゃ…！

ここはサウジアラビア、
ルブアルハリ砂漠にゃ！

夏になると
昼間は50度を
超える暑さにゃ！

サウジアラビアは**石油の輸出量世界一**にゃ！※
雨がほとんど降らないから水のほうが貴重で、
水よりガソリンのほう
が安いくらいにゃ！

（※2019年）

石油が世界一!?　それはすごいにゃ。石油王の数も世界一にゃ!?

石油王の数はわからないけど…**王族の人数は世界一**にゃ。

王族!?
王様の家族ってことにゃ？

そうにゃ。
サウジアラビアはもともと**サウード家**という一族が建てた国で、「サウジアラビア」も**「サウード家の国」**という意味にゃ。

大特価にゃ！
水より安い
石油にゃ！

一人の王様がたくさんの女性と結婚できる**一夫多妻制**なこともあって、今は王族がどんどん増えて、5000人以上いるともいわれてるにゃ。

5000人以上？　町を歩いている人がみんな王族に見えてきたにゃ…。

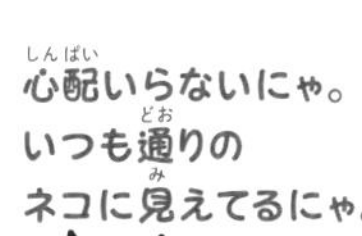

はっ…！
ということは、
吾輩も今周りの
人から、王族に
見えているにゃ!?

心配いらないにゃ。
いつも通りの
ネコに見えてるにゃ。

イスラム教の創立者ムハンマドが生まれた国で、イスラム教徒にとってとっても大切な場所にゃ。

これ知ってたら、大人の仲間入りにゃ。

自然

ルブアルハリ砂漠

サウジアラビアなど4か国にまたがる世界最大級の砂漠にゃ。夏になると昼は気温が50度を超え、夜は氷点下まで下がる厳しい環境にゃ。名前の意味はアラビア語で「何もないところ」にゃ。

産業

石油

サウジアラビアの砂漠地帯には世界最大の油田、ガワール油田があるにゃ。日本が輸入している石油も、サウジアラビア産のものが一番多いにゃ。

くらし・文化

イスラム教の聖地

イスラム教の創始者ムハンマドが生まれたメッカは、イスラム教最大の聖地にゃ。イスラム教徒は、世界のどこにいてもこの都市の方角に向かって1日5回お祈りをするにゃ。

メッカにあるカーバ神殿

ご当地にゃんでもクイズ

GOTOUCHI NYANDEMO QUIZ

全問正解したら完全勝利にゃ!　全部まちがえたら…
何度でも3ページ前から出直してくれればいいにゃ!

Q1

サウジアラビアや中東の国にまたがる、世界最大の砂漠の名前は?

基本

□□□□□□砂漠

Q2

日本も輸入している、サウジアラビア経済を支える産物はどれ?

まあまあ

①ラクダ　②鉄　③石油

Q3

サウジアラビアにある、イスラム教最大の聖地は?

まあまあ

□□□

Q4

イスラム教の創始者の名前は?

激ムズ

□□□□□

答え **Q1** ルブアルハリ(砂漠)　**Q2** ③石油
Q3 メッカ　**Q4** ムハンマド

北朝鮮マップ

中国

高麗人参

薬用に栽培されている高麗人参は北朝鮮や韓国の特産品。

白頭山

頂上に美しい湖が広がる北朝鮮**最大の観光地**。

平壌

板門店

朝鮮戦争の休戦会談が行われた場所。今も韓国との連絡会議が開かれる。

韓国

NORTH KOREA

基本データ

正式国名 朝鮮民主主義人民共和国

首都 平壌

面積 12万1千km²

人口 2,597万2千人

主な言語 朝鮮語　**通貨** 北朝鮮ウォン

北朝鮮には、**白頭山**っていう山があって、頂上には天池っていう美しい湖があるにゃ。

白い頭の山…
気になるにゃ。
あれはただの
白い頭にゃ。

白頭山、行ってみたいにゃ！

日本から北朝鮮を通って行くのは、ちょっと難しいにゃ。**日本とは正式に国交がない国**だからにゃ。

国交って、アレにゃ？　カッコウと関係がある感じのアレにゃ？

残念だけどかすりもしてないにゃ。

あー
コケコッコーの
ほうだったにゃ？
鳥から
離れて
ほしいにゃ…。

国と国とのお付き合いってことにゃ。

お付き合い！　ご近所なのに、なんでないにゃ？

北朝鮮は、金日成、金正日、金正恩っていう一族が**3代にわたって**最高指導者を務める**社会主義の国**なんだけど、いろいろ解決していないトラブルがあるにゃ。

お隣の韓国とも、国交がないにゃ？

そうにゃ。もともとはひとつだった**韓国と北朝鮮**は、住んでいる人たちも**同じ民族**だけど、戦争をきっかけに60年以上も分断されたままにゃ。

※ここからはミニコーナーでお届けするにゃ。

知ってたら
大人の仲間入りにゃ！

松茸

北朝鮮は松茸の産地で、かつては日本にも輸出していたにゃ。2006年10月から、北朝鮮の核実験をきっかけに輸入をストップしているにゃ。

クイズ！

北朝鮮の首都は？

□□

答え　平壌

ベトナムマップ

中国

ラオス

タイ

カンボジア

ホン川

ハノイ

メコン川

ホーチミン

ンマー

アオザイ

ベトナムの伝統衣装。制服や、結婚式などで正装として着る。

ハロン湾

龍が降り立ったという伝説がある観光地。たくさんの岩が並ぶ絶景。

メコンデルタ

メコン川の河口には、川によって運ばれた土や砂が集まってできる、大きな三角州がある。水田に向いていて、**米作りがさかん**!

ホーチミン

ベトナム最大の商業都市。**フランス植民地時代の建物**がたくさん残っている。

VIET NAM

基本データ

正式国名 ベトナム社会主義共和国

首都 ハノイ

面積 33万1千km^2

人口 9,746万8千人

主な言語 ベトナム語　**通貨** ドン

コーヒーのいいにおいがするにゃ！

ベトナムは**農業**（のうぎょう）**がさかん**で、**コーヒー豆**（まめ）**の生産**（せいさん）**は世界**（せかい）**2位**（い）にゃ※。飲（の）んでみるにゃ？

すてきにゃ！　でも、苦（にが）いコーヒーはちょっと避（さ）けたい気分（きぶん）にゃ…。

コンデンスミルクたっぷりであま〜くして飲（の）むのがベトナム流（りゅう）にゃ！

すてきにゃ！　でも、甘（あま）いものの前（まえ）にごはんを食（た）べたい気分（きぶん）にゃ。

（※2020年（ねん））

それなら、**お米**（こめ）はどうにゃ？

メコン川（がわ）の河口（かこう）に**メコンデルタ**って呼（よ）ばれる大（おお）きな三角州（さんかくす）があるにゃ。そこでお米（こめ）もたくさん作（つく）っているにゃ。

すてきにゃ！　でも、今（いま）は麺（めん）が食（た）べたい気分（きぶん）にゃ。

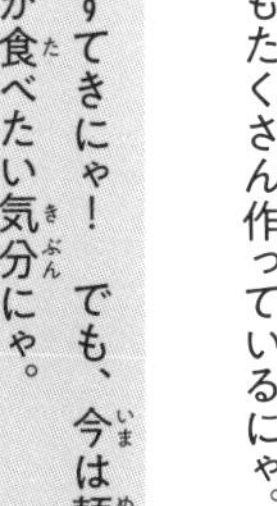

それなら、**フォー**でどうにゃ？お米（こめ）でできた麺（めん）の料理（りょうり）にゃ！

すてきにゃ！　でも…。

まだ「でも」があるにゃ？

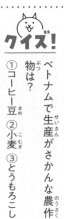

でも……だめにゃ、もうわがままが浮（う）かばないにゃ！

すべてのわがままにカンペキに応（こた）えられてしまったにゃ…完敗（かんぱい）にゃ！

いったい何（なに）と戦（たたか）ってたにゃ…？

＼知（し）ってたら／

ドイモイ政策（せいさく）

1986年（ねん）からベトナムで行（おこな）われている経済政策（けいざいせいさく）にゃ。ベトナムは、ものの売（う）り買（か）いを国（くに）が管理（かんり）するしくみ（社会主義（しゃかいしゅぎ））だけど、お金（かね）で自由（じゆう）に売（う）り買（か）いできるしくみ（資本主義（しほんしゅぎ））を取（と）り入（い）れて、経済（けいざい）を発展（はってん）させたにゃ。

資本主義（しほんしゅぎ）や社会主義（しゃかいしゅぎ）については、154ページにも載（の）ってるにゃ。

クイズ！

ベトナムで生産（せいさん）がさかんな農作物（のうさくぶつ）は？

①コーヒー豆（まめ）　②小麦（こむぎ）　③とうもろこし

答（こた）**え**　①コーヒー豆（まめ）

ラオスマップ

ルアンパバーン

世界遺産

かつての王国の首都として栄えた町で、**町全体が世界遺産**になっている!

フランスの影響

フランスの植民地だった影響が文化の中に残っている!

ミャンマー

タートルアン

ラオスのお札に描かれている仏塔。ラオスのシンボル。

タイ

メコン川の水力発電

メコン川の支流にダムを作って、水力発電をしている!

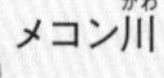

ベトナム

カンボジア

LAOS

基本データ

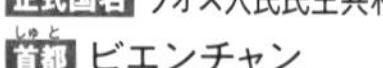

正式国名 ラオス人民民主共和国

首都 ビエンチャン

面積 23万7千km²

人口 742万5千人

主な言語 ラオス語　**通貨** キープ

お次はラオス！ 国土のほとんどが山地や高地で、とにかく**森の多い国**にゃ。

ラオスの森の葉っぱでラオス風ファッションに挑戦にゃ！

似合ってるにゃ。まるでいつもと同じ格好みたいに。

タイとちょっと雰囲気が似てるにゃ？

タイと同じ**仏教国**だし、同じメコン川の流域の国だから、気候も似てて関わりが深いにゃ。

あー！ ウキウキでカンカンな感じにゃ！

もしかして雨季と乾季の話にゃ？

タイと同じように農業がさかんで、主食の**もち米**がたくさん作られているにゃ。

オタネコ、それはきっと古い情報にゃ！ さっき、フランスパンがたくさん売ってたにゃ。きっと今は主食にパンブーム到来中にゃ！ 勘だけど！

それは、**フランスの植民地だった時代**の名残にゃ。**フランスの影響を受けた文化がいろいろ残っている**にゃ。

勘が外れたにゃ…。

パンブーム…来てないにゃ？

期待させてごめんにゃ…！

知ってたら大人の仲間入りにゃ!

メコン川の水力発電

メコン川やその支流には20基以上の発電ダムがあり、水の力で発電しているにゃ。電力はタイやベトナム、カンボジアなどに輸出されていて、「東南アジアのバッテリー」と呼ばれることもあるにゃ。

クイズ！

ラオスの水力発電を支える川といえば？

□□□川

答え メコン（川）

カンボジアマップ

トンレサップ湖

東南アジアで最も大きい湖!
100万人以上が水上生活をしているといわれている。雨季には、乾季の5倍以上の広さになることもある!

アンコール・ワット遺跡

世界遺産

世界三大仏教遺跡のひとつ!
クメール王朝時代の寺院の大遺跡。元はヒンドゥー教の寺院だったけど、16世紀に仏教寺院に代わった。

ラオス

タイ

アモック

代表的なカンボジア料理。ココナッツミルクと肉や魚などを混ぜて蒸したもの。

メコン川

プノンペン

ベトナム

CAMBODIA

基本データ

正式国名 カンボジア王国
首都 プノンペン
面積 18万1千km^2
人口 1,658万9千人
主な言語 カンボジア(クメール)語
通貨 リエル

カンボジアには**東南アジア最大の湖、トンレサップ湖**があるにゃ。100万人以上が湖で生活しているといわれているにゃ。

湖で生活!? みんな、エラ呼吸できるにゃ!?

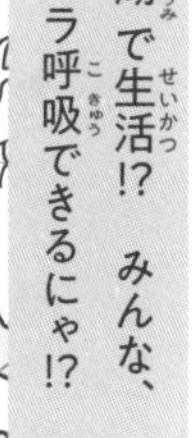
仲間かにゃ?

人間にエラ呼吸はさすがにムリにゃ。**水上で生活**してるにゃ。高床式の家に住んで、**学校や病院、商店も水上**にあるにゃ。

わ! 水上の家もびっくりだけど、森の中にでっかいお城があるにゃ!?

あれはお城じゃなくて**アンコール・ワット遺跡**にゃ。12世紀に建てられた寺院で、カンボジアの国旗にも描かれているにゃ!

アンコール!?
もう一曲
歌うにゃ!?

この「アンコール」はクメール語で「王都」って意味らしいにゃ。

元は、壊れてしまう危険のある**「危機遺産」**だったけど、いろんな国が修復に力を貸したおかげで危機を脱出したにゃ。

いい話にゃ。世界が力を合わせれば、直せないものなんて何もないってことにゃ。

たまには
いいこと
言ったにゃ?

その一言がちょっと余計にゃ。

知ってたら大人の仲間入りにゃ!

ポル・ポト

武力で政治を動かす政策を強いたカンボジアの元首相にゃ。1975年から79年に政権が倒れるまで、多くの人が犠牲になったにゃ。

クイズ!

カンボジアにある世界遺産として有名な遺跡といえば?

□□□□□・□□□遺跡

答え アンコール・ワット(遺跡)

マレーシアマップ

カンボジア

古都マラッカ

世界遺産

ポルトガル、オランダ、イギリスの植民地だった歴史を表す、ヨーロッパ文化の影響を受けた街並みの残る古都。

キナバル山

世界遺産

高さ4,095m。ここにしかない固有の植物がたくさんある!

マレー半島

ブルネイ

マラッカ海峡

インドネシア

シンガポール

カリマンタン島（ボルネオ）

マレーバク

マレー半島に住む貴重な野生動物。

ラフレシア

世界最大の花といわれる花。独特のにおいがする。

基本データ

正式国名 マレーシア
首都 クアラルンプール
面積 33万1千km²
人口 3,357万4千人
主な言語 マレー語、中国語、タミール語、英語
通貨 リンギット

マレーシアは**天然ゴム**とか、**パーム油**の生産がさかんにゃ！

ひとつの国なのに真ん中に海があるにゃ！

向こう岸に
連れてってあげるにゃ。
乗るといいにゃ。

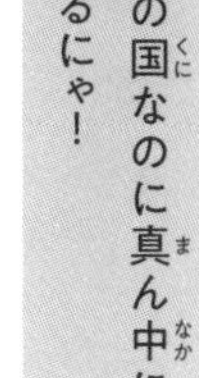

ありがたいけど、
遠慮するにゃ。

国内旅行にも船が必要そうにゃ。

たしかにマレーシアは船の通行が多いにゃ。インドネシアとの間にある**マラッカ海峡**は、世界でもっとも**船の通行が多い海峡**のひとつにゃ。

泳いで通行しても

遠泳で横断すると
24時間以上
かかるから、
オススメしないにゃ。

泳いで渡ることを想像したら、どっと疲れたにゃ…。

なんて豊かな想像力にゃ。マレーシアは年間の**休日が多い**国だから、ゆっくり休むといいにゃ。

休みが多い？　どうしてにゃ？

マレー系、中国系、インド系みたいにルーツのちがう民族でできている**多民族国家**だからにゃ。それぞれ民族で文化や宗教もちがうから…。

知ってたら 大人の仲間入りにゃ！

ルック・イースト政策

「東を見よう」という名前のマレーシアの政策にゃ。東とは、日本や韓国のことで、経済的に成功している国を参考にして発展を目指そう、という1981年に始まった政策にゃ。

クイズ！

マレーシア・インドネシア間にある有名な海峡といえば？

□□□□海峡

イスラム教のお祭りに
ヒンドゥー教の祝日、
ついでに
キリスト教や仏教の
イベントも！
ぜんぶ盛りにゃ！

夢のような

答え　マラッカ(海峡)

シンガポールマップ

マレーシア

マリーナベイサンズ

55階建ての3つのビルが、屋上の展望デッキでつながったユニークな構造の建物!

マーライオン

シンガポールのシンボル。上半分はライオン、下半分は魚の形をした像!

マラッカ海峡

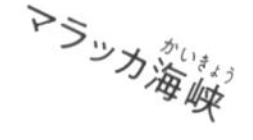

シンガポール海峡

海南チキンライス

代表的なシンガポール料理。茹でた鶏肉と、鶏のだしで炊いたごはんをいっしょに食べる。

SINGAPORE

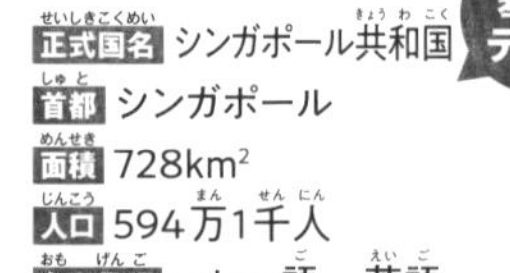

正式国名 シンガポール共和国
首都 シンガポール
面積 728km^2
人口 594万1千人
主な言語 マレー語、英語、中国語、タミール語
通貨 シンガポール・ドル

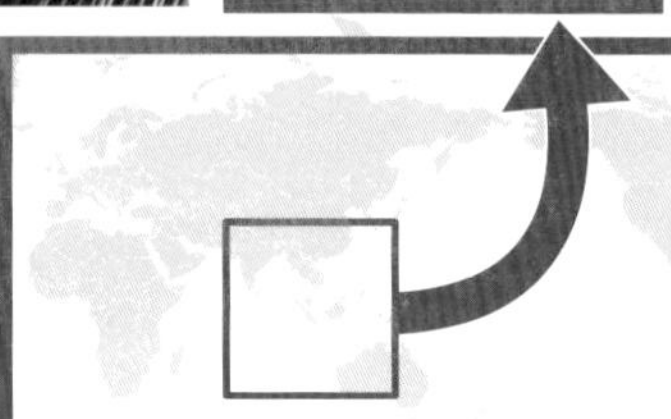

今度は、なんだか**小さい国**にゃ？

シンガポールは、マレー半島の先端にある国にゃ。面積は**東京23区よりも少し大きいくらい**にゃ。

ポールにゃ。

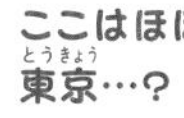

ここはほぼ

小さいけど、海外の企業がたくさん進出していて、**アジアを代表する豊かな国**でもあるにゃ。

小さくっても
だれより
輝くにゃ！

ただ、シンガポールにはある・・・・・ものがなくて、それが少し大変にゃ。

わかったにゃ！　アレにゃ。**「青春の思い出」**。

それはなかったら、たしかにさみしくて大変にゃ…。そうじゃなくて、**大きな川がないから、水を確保するのが大変**にゃ。

降らせるにゃ！

雨降るにゃ？

…どうしてるかというと、**ため池**を作ったり、**水を輸入**したりしているにゃ。

そんなに水の確保が大変とは意外にゃ！　**街もきれい**で、なんでもありそうなのに。

いいところに気づいたにゃ。シンガポールは**街を清潔に保つための法律がいっぱいある**にゃ。

ゴミのポイ捨ては罰金！
ガムは持ってるだけで
違反にゃ！

き…厳しいにゃ！

＼知ってたら／
大人の仲間入りにゃ！

中継貿易

シンガポールは、海沿いにあって、地震や津波も少なくて、大きな港がある国にゃ。だから、貿易の中継地点として発展してきたにゃ。

クイズ！

シンガポールの大きさは、何より少し大きいくらい？
①北海道　②東京23区　③長野県

答え ②東京23区

インドネシアマップ

ボロブドゥール遺跡

世界遺産

8~9世紀に建てられた仏教寺院遺跡。**世界三大仏教遺跡**のひとつ。

スマトラトラ

スマトラ島に生息するトラ。現存するトラのなかで唯一島に生息する種類。

伝統舞踊ケチャ

ヒンドゥー教の聖典をもとにした、バリ島の民族舞踊。インドネシアはイスラム教徒が多いけれど、バリ島にはヒンドゥー教徒が多くいる。

フィリピン

マレーシア

ブルネイ

カリマンタン島
（ボルネオ）

赤道

スマトラ島

ジャカルタ

パプア
ニューギニア

ジャワ島

バリ島

東ティモール

イスラム教

世界で**最もイスラム教徒の多い国**!

正式国名 インドネシア共和国
首都 ジャカルタ
面積 191万1千km²
人口 2億7,375万3千人
主な言語 インドネシア語
通貨 ルピア

うーん、見つからないにゃ…。

どうしたにゃ？

ちびネコ島とかくれんぼしてるんだけど、ぜんぜん見つからないにゃ。

インドネシアには**1万3000を超える島々**があるにゃ。そのなかにまぎれたら…。

それは見つからないにゃ。あきらめるにゃ。

うしろ、うしろ！

無事見つかってよかったにゃ。あやうく今にもあきらめるところだったにゃ。

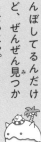

完全にあきらめてたような…。

ほっとしたらおなかすいたにゃ。インドネシアにはどんなおいしいものがあるにゃ？

ナシゴレンとか**サテー**とか、おいしいインドネシア料理はたくさんあるけど、基本的に**豚肉は使われていない**のが特徴にゃ。

なんでにゃ？　とんかつが食べたいときはどうするにゃ？

イスラム教徒（ムスリム）は、豚肉を食べてはいけないとされているにゃ。インドネシアは、**世界でいちばんイスラム教徒が多い国**にゃ。

知ってたら 大人の仲間入りにゃ！

パーム油生産量世界一※

アブラヤシの実からとれるパーム油の生産量が世界一にゃ。パーム油は、マーガリンやせっけんの原料になるにゃ。

（※2019年）

クイズ！

イスラム教徒は何を食べるのが禁止されている？

①牛肉　②豚肉　③鶏肉

イスラム教は豚を食べちゃダメで

ヒンドゥー教は牛も豚も食べちゃダメ。

いろんな食文化があるにゃ。

答え ②豚肉

フィリピンマップ

ピナトゥボ山

1991年に世界最大規模の噴火をした火山。

ルソン島

マニラ

セブ島

フィリピン第2の都市がある、世界で人気のリゾート地。**冒険家マゼラン**が上陸した歴史もある。

キリスト教

国民の**約9割がキリスト教徒**!

パラワン島

バナナ

フィリピンは、バナナのほかパイナップル、マンゴーなどフルーツの生産がさかん。

ミンダナオ島

PHILIPPINES

基本データ

正式国名 フィリピン共和国
首都 マニラ
面積 30万km²
人口 1億1,388万人
主な言語 フィリピノ語、英語、180以上の言語
通貨 ペソ

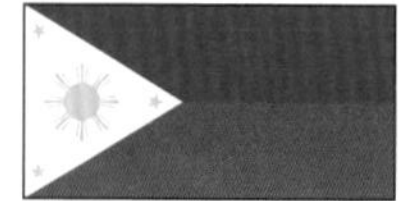

フィリピンは**農業がさかん**なんだけど、何をたくさん作っているかわかるにゃ？ ヒントは、**「あま～いにおいのするもの」**にゃ！

かんたんすぎにゃ！ 答えは、パフェにゃ！

パフェは農業では作れないにゃ…。正解は**バナナ**や**マンゴー、パイナップル**などの**フルーツ**にゃ。

くやしいにゃ！
「フルーツパフェ」か
「パフェ」のどっちか
迷ったにゃ…！

くやしがらなくて
いいにゃ。
どっちも不正解だから。

ハロハロっていう、**フルーツを使ったかき氷みたいな名物スイーツ**があるにゃ。

おいしそうにゃ！ ハロハロって言葉もなんかかわいいにゃ！

「ハロハロ」は
フィリピノ語で
「ごちゃまぜ」って
いう意味らしいにゃ。

もっと知りたいにゃ！「こんにちは」はどう言うにゃ？

「クムスタ ポ」「マーヨン ハポン」「ナイムバグナガマレン」それから…。

ちょっと待つにゃ！ なんでそんなにいっぱいあるにゃ!?

じつは、フィリピンには**180以上の地域言語**があるにゃ。

7000を超える島があって、それぞれに文化や言葉がちがっていたことが理由にゃ。今の公用語は、**フィリピノ語と英語**が使われているにゃ。

英語と
フィリピノ語
なら使いこな
せるにゃ！

ハロー
ハロハロ！

知ってたら
大人の仲間入りにゃ!

東南アジア最大のキリスト教国家

スペイン・アメリカの植民地だった歴史の影響もあって、国民の約9割がキリスト教徒にゃ。ほかにも、南部を中心にイスラム教徒が5％いるにゃ。

クイズ!

フィリピンで最も多くの国民に信仰されている宗教は？

□□□□教

答え キリスト（教）

ミャンマーマップ

中国

ブータン

インド

バングラデシュ

ベトナム

タイ

バガン

バガン遺跡

世界遺産

世界三大仏教遺跡のひとつ。
黄金の仏塔がたくさん。

ルビー

宝石のルビーの一大産地!

カレン族

山岳地帯に暮らす少数民族。首を長くする風習があることで有名。ミャンマーはほかにも少数民族が暮らす多民族国家!

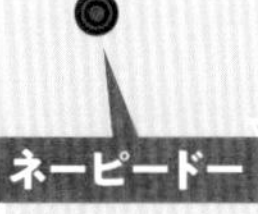

インレー湖

標高約900 m にある湖。漁業や浮畑農業が営まれている。

MYANMAR

基本データ

正式国名 ミャンマー連邦共和国

首都 ネーピードー

面積 67万7千km^2

人口 5,379万8千人

主な言語 ミャンマー語、シャン語、カレン語

通貨 チャット

みゃ、みゃん、にゃー？

言いづらいにゃ？　ミャンマー。昔はビルマという名前の国だったにゃ。

ミャ…ミャ……ミャンマー!!…勢いつけたら言えたにゃ！

よかったにゃ。ミャンマーは国民の**約9割が仏教徒**で、三大仏教遺跡のひとつ**バガン遺跡**もあるにゃ！

ずっと遠くまで仏塔や寺院がいっぱいにゃ。

絶景にゃ！

ミャンマーは宝石の**ルビー**の産地としても有名にゃ。

おや、やけにきれいな梅干しにゃ？

ルビーにゃ！食べちゃダメにゃ！

ちなみに最高級のルビーは「ピジョンブラッド」といわれるそうにゃ。

「ピジョンブラッド」、つまり「鳩の血の色」にゃ！

ほかにも、**天然ガス**をたくさん産出してるし、林業がさかんで、高品質な**チーク材**がとれるにゃ！

丈夫で虫くいに強い、高級木材にゃ！

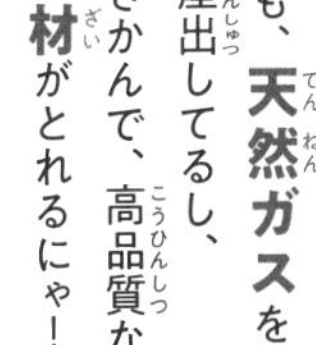

クイズ！

ミャンマーの国民の約9割が信仰する宗教は？

（　　　）教

知ってたら

大人の仲間入りにゃ！

アウン・サン・スー・チー

ミャンマーが独立したあと、民主化を進めた指導者にゃ。国家元首になったこともあるミャンマーの有名人だけど、2021年に国軍のクーデターが起きて、国軍による政権下の裁判で有罪となっているにゃ。

（2023年5月現在）

なるほどにゃ。魅力いっぱいのミャンマーにゃー！

ミャンマーにゃ。最後かんじゃったのが惜しかったにゃ。

そこは触れないでほしかったにゃ。

答え　仏教

ネパールマップ

ルンビニ

仏教の開祖、釈迦が生まれた地!

エベレスト山

標高8,848 m の**世界一高い山**!

中国

ヒマラヤ山脈

ダル・バット

ネパールの伝統料理で、豆のシチューとごはん。

インド

スワヤンブナート

世界遺産

ネパール最古の仏教寺院。仏陀の智慧の目が描かれた塔があり**「目玉の寺院」**と呼ばれることも!

NEPAL

基本データ

正式国名 ネパール連邦民主共和国

首都 カトマンズ

面積 14万7千km²

人口 3,003万5千人

主な言語 ネパール語

通貨 ネパール・ルピー

ハア、ハア…なんだかすごくたくさん坂を登ったにゃ…！

ここはネパール。**「世界の屋根」**とも呼ばれる**ヒマラヤ山脈**のふもとにある国にゃ！

ふもと!? まだここから、上があるにゃ!?

なんせ、**世界一高い山のエベレスト**もあるしにゃ。

高いものを見ると飛び越えたくなるにゃ…！

標高8,848mにゃ。さすがにムリにゃ。

つまり…それを乗り越えられるつわものでなければ、この国には足を踏み入れられない…ということにゃ？

のぞむところにゃ…！

盛り上がってるところごめんにゃ。そんなルールはまったくないにゃ。

でも、ヒマラヤ登山の入口として世界中の登山者が訪れるのはたしかにゃ。山岳地帯に住む**シェルパ族**が、登山のサポートをしてくれるにゃ。

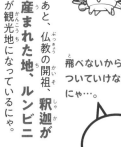

道案内するにゃ！ まっすぐ飛ぶからついてきてにゃ！

飛べないからついていけないにゃ…。

あと、仏教の開祖、**釈迦**が**産まれた地、ルンビニ**が観光地になっているにゃ。

お釈迦さまの生まれた場所！ってことは、仏教徒がたくさんいる国にゃ？

チベット仏教もさかんだけど、8割がヒンドゥー教徒にゃ。

そんなに単純じゃなかったにゃ。

知ってたら大人の仲間入りにゃ！

紙の原料・ミツマタ

農林業がさかんなネパール。丈夫な紙の原料になるミツマタという木をたくさん輸出していて、日本でもお札の原料として使われているにゃ。

クイズ！

ネパールがふもとにあり「世界の屋根」ともいわれる山脈といえば？

□□□□山脈

答え ヒマラヤ（山脈）

ブータンマップ

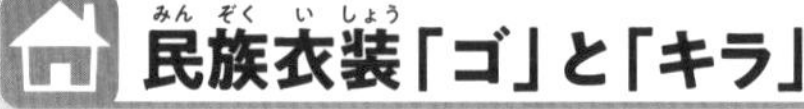

民族衣装「ゴ」と「キラ」

「ゴ」(男性)と「キラ」(女性)という美しい民族衣装。和服に似た雰囲気もある。

ダツェ(弓術)

ブータンの国技。

タクツァン僧院

標高3000メートル以上の断崖絶壁に建てられている僧院! ブータンは、**チベット仏教を国教とする世界唯一の国。**

BHUTAN

基本データ

正式国名 ブータン王国
首都 ティンプー
面積 3万8千km²
人口 77万7千人
主な言語 ゾンカ語
通貨 ニュルタム

日本の九州とほぼ同じ大きさ!

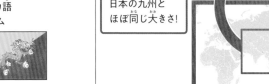

ネコ！　**今、幸せにゃ？**

し、幸せ!?　急にどうしたにゃ!?　「はい」とも「いいえ」とも答えづらい質問第1位のやつにゃ！

ブータンは、お金や物の豊かさではなくて、**国民の幸せの度合**をはかる**国民総幸福量（GNH）**を大切にすることを国の目標にしているにゃ！

お金や物じゃない幸せ…ステキな響きにゃ…！　でも、どうやって…？

踊ればいいにゃ！踊ればみんなハッピーにゃ！

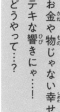

ほんとにゃ！ハッピーな気分になってきたにゃ！

技術や経済の発展を競うのではなくて、**伝統的な文化や暮らし方も大切にすること**で国民が幸せを感じられる生活を守っているにゃ！

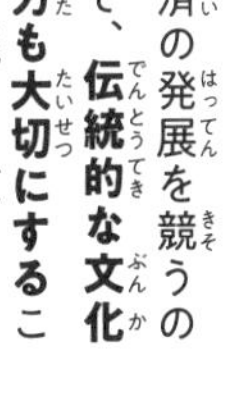

便利なだけが幸せじゃないにゃ。

穏やかそうな国にゃ。きっとごはんもやさしい素朴なおいしさにゃ？　いただくにゃ！

辛っ！！！！！
チーズのスープに…唐辛子!?

あああ…それは**エマダツィ**。世界で最も辛い料理といわれてるにゃ…。ブータンは**ヒマラヤ山脈の斜面**にあるから、厳しい環境でも育つ**唐辛子**料理が多いらしいにゃ。

で、結局幸せっていったい何にゃ？

幸せって、優しいだけじゃないにゃ…。

きっと無限の答えがあるにゃ。

知ってたら
大人の仲間入りにゃ！

水力発電

ヒマラヤ山脈の雪解け水などを利用した水力発電をしていて、作った電力はインドなどに売っているにゃ。ブータンの経済を支える大切な産業になっているにゃ。

クイズ！

ブータンは、お金や物の豊かさではなく何の度合を大切にしている国？
国民の□□

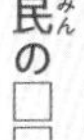
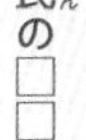

答え（国民の）幸せ

バングラデシュマップ

ネパール

ブータン

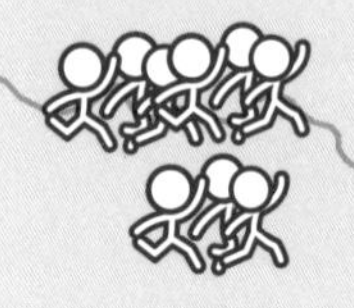

ガンジス川

ダッカ

インド

ミャンマー

米・ジュート

稲作や、麻袋の原料になるジュートの栽培がさかん!

ガンジス川

ガンジス川の豊かな水が暮らしに役立っている!

渡し舟

川の多いバングラデシュでは渡し舟が重要な交通手段!

シュンドルボン

世界遺産

世界自然遺産に登録されている、マングローブの天然林。絶滅危惧種のベンガルトラなどめずらしい動物が住んでいる。

ベンガル湾

BANGLADESH

基本データ

正式国名 バングラデシュ人民共和国
首都 ダッカ
面積 14万8千km^2
人口 1億6,935万6千人
主な言語 ベンガル語　**通貨** タカ

バングラデシュは、**もともとパキスタンとひとつの国だっ**たにゃ。

パキスタン？ バングラデシュの隣じゃないにゃ？ お隣にあるのはインドにゃ！

インドもひとつの国だったにゃ。真ん中にあった**ヒンドゥー教徒の多い地域がインドに**、その両側の**イスラム教徒が多かった地域が、インドをはさんでパキスタン**となったにゃ。その後、インドの東にあった東パキスタンはバングラデシュになったにゃ。

パキスタン
イスラム教
インド
ヒンドゥー教
バングラデシュ
イスラム教

インドにゃ！
パキスタンにゃ！
バングラデシュにゃ！

わざわざ実演、ありがとうにゃ。

それにしてもなんだか人がいっぱいいるにゃ。だれかのライブでもあるにゃ？

バングラデシュは日本より面積が小さいけど、日本の約1.3倍の人が住んでいて**人口密度が高い**にゃ。

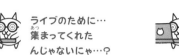

ライブのために…集まってくれたんじゃないにゃ…？

お、落ち込まないでほしいにゃ…。

多いのは人だけじゃなくて、**ガンジス川をはじめ川が多くて水が豊か**にゃ。

じゃあ、流しそうめん放題にゃ!?

流しそうめんは…あまりやってないと思うにゃ。栽培に水がたくさん必要な**米**や**ジュート**が多く作られているにゃ！

知ってたら大人の仲間入りにゃ！

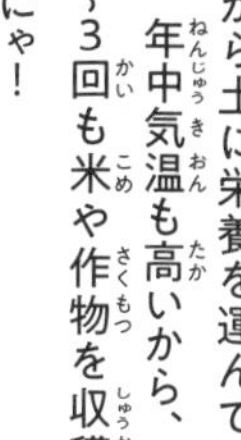

水害の多さ

川が多いうえ、土地が低いので雨季には洪水がたくさん起きるにゃ。でも、その洪水が川の上流から土に栄養を運んでくれるし、年中気温も高いから、1年に2〜3回も米や作物を収穫できるにゃ！

クイズ！

バングラデシュは、昔、インドと□□□□□とひとつの国だった。□に入る国の名前は？

答え パキスタン

パキスタンマップ

モヘンジョ・ダロ遺跡

世界遺産

インダス文明から生まれた古代都市の遺跡。

サッカーボール

世界有数の生産地!

インダス川

その流域で、古代文明のひとつ**インダス文明**が生まれた川!

キルギス

タジキスタン

アフガニスタン

イスラマバード

カラコルム山脈

インダス川

インド

綿花

木綿の原料になる綿花栽培がさかん。じゅうたんなど綿織物業でも有名!

PAKISTAN

基本データ

正式国名 パキスタン・イスラム共和国

首都 イスラマバード

面積 79万6千km²

人口 2億3,140万2千人

主な言語 ウルドゥー語、英語

通貨 パキスタン・ルピー

オ、オタネコ！　公園で子供たちに急に追いかけられたにゃ…！

それはもしかしたら…**サッカーボール**にまちがえられたのかもにゃ。パキスタンで生産がさかんだから。

サッカーボール似のにゃんこなんているにゃ？

きっと見つかるにゃ。鏡の中に…。

走ったら、のどが渇いてきたにゃ…。

ムリもないにゃ。パキスタンは**国土のほとんどが乾燥地帯**にゃ。

ええっ？　カサカサに乾いてるってことにゃ？　なんか厳しい環境にゃ…。

乾燥はお肌の大敵にゃ。

インダス文明が生まれた**インダス川**も流れてるし、砂漠ほど乾いているわけじゃないにゃ。それに、**綿花**の栽培がさかんにゃ！

ふわふわの花にゃ！ふわふわ…癒されるにゃ…。

じゅうたんや、綿織物もたくさん作ってるにゃ！

イスラム教の国ってことも大事にゃ。首都のイスラマバードも、「イスラムの都」っていう意味にゃ！

だから食べ物も、イスラム教の教え通りに作られた食べ物**ハラルフード**が一般的に食べられているにゃ。

ハラルフードのマーク▼

つまり…かさかさふわふわハラルンルン♪の国にゃ！

そのまとめでもいいと思うにゃ、ネコが覚えやすいなら。

知ってたら

大人の仲間入りにゃ！

マララ・ユスフザイ

女性が教育を受ける権利を訴えて、ノーベル平和賞を受賞した人にゃ。受賞した2014年当時は、なんと17歳！　日本に来て講演したこともあるにゃ。

クイズ！

パキスタンといえば？

パキスタンを流れる代表的な川

□□□□川

答え　インダス(川)

カザフスタンマップ

油田

西部のカスピ海周辺には油田がたくさん!

アラル海

水を使いすぎて干上がってしまい、**消滅の危機**にある。消滅しないように対策をしている!

展望塔バイテレク

首都アスタナの象徴的な建物。未来都市のようなながめは、日本人建築家の黒川紀章さんが都市計画をした!

バイコヌール宇宙基地

ロシアが所有するロケット発射場。**人類が初めて宇宙へ飛び立った場所**!

羊肉の餃子マンティ

もともと遊牧生活をしていた文化から、羊など肉中心の料理が多い!

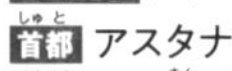

KAZAKHSTAN

基本データ

正式国名 カザフスタン共和国
首都 アスタナ
面積 272万5千km²
人口 1,919万6千人
主な言語 カザフ語、ロシア語
通貨 テンゲ

広い大地にゃ！ 羊やラクダがいっぱいにゃ～！

カザフスタンは、広い国土で羊などを飼う**遊牧民**の暮らしがベースになってる国にゃ。

遊牧民…なんか自由な感じがして憧れるにゃ！

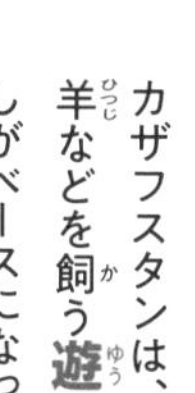

遊牧民の文化といえば、食事も羊の肉など、**肉料理が中心**にゃ！

羊肉の餃子 マンティ▼

おいしそうにゃ！

はしっこには、でっかい水たまりもあるにゃ。**カスピ海**っていうにゃ？

そう、カスピ海の周りには**大きな油田**が何個もあるにゃ！

ということは、国民はみんな石油王？

石油のほかには**綿花や小麦の農業**とか、**羊や牛を飼う牧畜**がさかんにゃ！

みんなじゃないと思うにゃ。

あと、**レアメタル**もとれるにゃ。

レアメタル!? 勇者にしか抜けない剣の材料の!?

…ネコ、ちょっと落ち着いて聞いてほしいことがあるにゃ。

…この世界に、勇者とか魔王とかオリハルコンの剣とかは、実在しないにゃ。

クイズ！

カザフスタンの西にある、油田がたくさんある場所といえば？

□□□海

知ってたら 大人の仲間入りにゃ！

バイコヌール宇宙基地

ロシアが所有するロケット発射場で、1961年に人類初の宇宙飛行士ガガーリンを乗せた人工衛星が打ち上げられた場所にゃ。

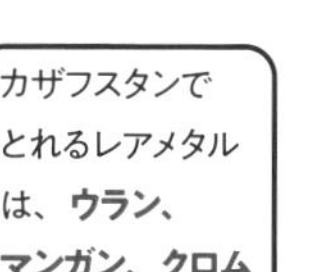

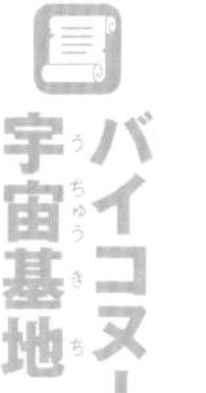

カザフスタンでとれるレアメタルは、**ウラン**、**マンガン**、**クロム**など。化学製品・電気製品などに欠かせない物質にゃ！

……ッ!!!!

ショックで言葉を失ってるにゃ…！

答え カスピ（海）

ウズベキスタンマップ

スザニ

きぬ糸で伝統的な模様を刺繍した布。お土産に人気!

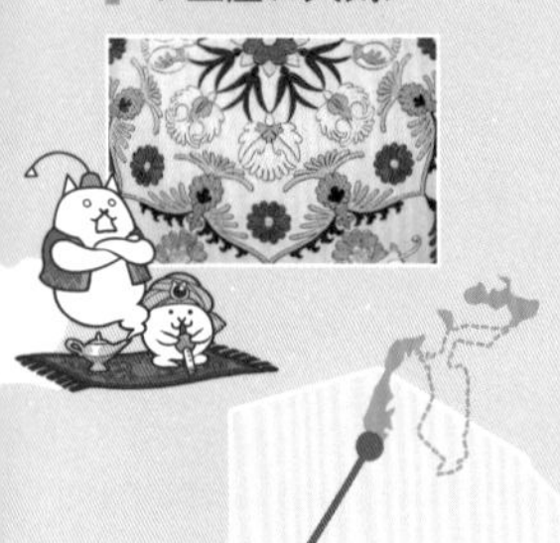

「料理の王様」プロフ

ウズベキスタンの伝統的なピラフ。結婚式などで食べる習慣があって、その文化を含めて**ユネスコ無形文化遺産**に登録されている!

カザフスタン

タシケント

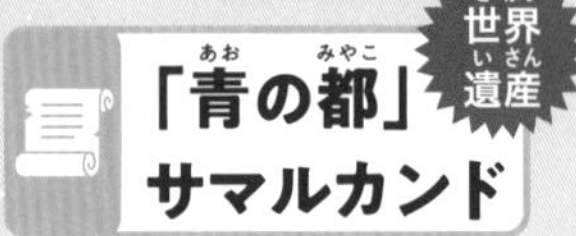

「青の都」サマルカンド

世界遺産

青いタイルが使われたモスクなどの街並みが美しい、世界遺産の町!

トルクメニスタン

キルギス

タジキスタン

アラル海

カザフスタンにまたがる湖。水を使いすぎて干上がってしまい、**消滅の危機**! カザフスタン側で対策中!

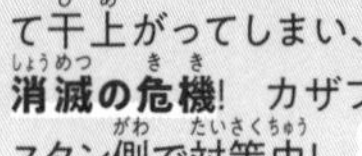

アフガニスタン

UZBEKISTAN

基本データ

正式国名 ウズベキスタン共和国
首都 タシケント
面積 44万9千km^2
人口 3,408万1千人
主な言語 ウズベク語、ロシア語
通貨 スム

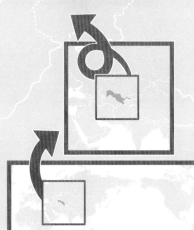

オタネコ！ 魔法の舟があるにゃ！ ほら、あそこ！

夢を壊してばかりでごめんにゃ…あれは**アラル海**っていう湖にゃ。水が干上がってしまって舟が置き去りにされているにゃ。

ええ!? 舟があるところに、元は水があったってことにゃ？ そんなにたくさんのお水、誰が飲んじゃったにゃ!?

の、飲んでないにゃ。

疑ってないから安心するにゃ。

綿花などを育てるためにアラル海にそそぐ川から水を引いていたにゃ。

国土の多くが砂漠で、**雨も少ない**国だけどアラル海に流れ込む川から水を引いて農業をしていたにゃ。その結果…。

ちょっと使いすぎちゃったにゃ。

水は大切にしなくちゃいけないにゃ。

うんうん、本当にそうにゃ…もぐもぐ。

ネコ？ 何食べてるにゃ？

さっき町の人に分けてもらったおいしいごはんにゃ。

いつのまに？ しかも、それは**プロフ**って料理にゃ！

プロフはお祝い事などでお客にふるまう習慣があるにゃ。その文化も含めて、**ユネスコ無形文化遺産**に登録されている料理にゃ！

おいしかったにゃ。…で、アラル海を飲み干しちゃったのはネコダラボッチにゃ？

ネコ…いつから話聞いてなかったにゃ？

知ってたら

大人の仲間入りにゃ！

サマルカンド

ヨーロッパとアジアを結ぶシルクロードを旅する人でにぎわったオアシス都市にゃ。青いタイルを使った街並みが美しくて、世界遺産に登録されているにゃ。

クイズ！

カザフスタン・ウズベキスタンにまたがる、消滅の危機にある湖は？

□□□海

答え アラル海

イランマップ

ペルセポリス

世界遺産

広大な領土を持っていたペルシャ帝国の王宮跡。

イスファハーン

かつて**「世界の半分がある」**と言われるほど16世紀に栄えた都市。

カスピ海

アゼルバイジャン

トルコ

トルクメニスタン

テヘラン

シリア

イラク

イスファハーン

アフガニスタン

ピンクモスク

美しいステンドグラスが有名なモスク。

クウェート

パキスタン

バーレーン

ペルシャ湾

カタール

サウジアラビア

アラブ首長国連邦

ホルムズ海峡

世界に輸出される原油の約5分の1が通る海峡で、とても重要な**輸送の要**。

IRAN

基本データ

正式国名 イラン・イスラム共和国

首都 テヘラン

面積 163万1千km²

人口 8,792万3千人

主な言語 ペルシャ語、トルコ語、クルド語　**通貨** リアル

イエメン

石油と天然ガスの豊富な資源、それがイランにゃ！

いらん？ なんでいらないにゃ？ めちゃくちゃほしいにゃ！

そうじゃなくて、国の名前が「イラン」にゃ。その昔、ペルシャ帝国として栄えた場所にゃ。

ペルシャって聞いたことあるにゃ！ ペルシャなんとか…。

ペルシャ猫とか？

そう、それにゃ！ たしか毛の長い猫！

紛らわしくてごめんにゃ。全体的に毛の長い猫の話にゃ。

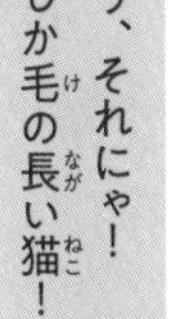

ペルシャじゅうたんも有名にゃ。すべて手織りで作られる高級品にゃ！ 一枚織り上げるのに何年もかかるものもあるにゃ！

気持ち良すぎて動けないにゃ…。

動けないのは縛られてるからだと思うにゃ。

高級食材、チョウザメの卵・キャビアも有名なのがイランにゃ！

いらん？ 吾輩、キャビアはいるにゃ！ 食べたいにゃ！

ネコ、もう一度このページを最初から読み直してみてほしいにゃ…。

クイズ！

イランに多いのは、イスラム教の□□□派の人。□に合うのは？

□□□派

知ってたら 大人の仲間入りにゃ！

イスラム教 スンナ派 シーア派

イランの周りにはイスラム教を信じる人が多い国がたくさんあるけれど、一口にイスラム教と言ってもそのなかにはたくさんの宗派があるにゃ。**イランには「シーア派」**と呼ばれる宗派の人が多く、ペルシャ湾をはさんでお隣の**サウジアラビアなどは「スンナ派」が多い**といわれるにゃ。宗派のちがいが対立の種になったり、様々な問題の原因のひとつになったりしているにゃ。

答え シーア（派）

イラクマップ

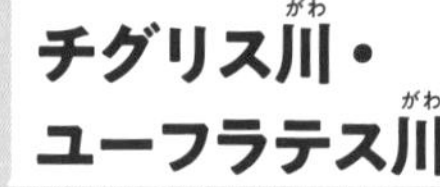

フムス

ひよこ豆のペースト。イラクを始め、アラブ諸国で食べられている!

チグリス川・ユーフラテス川

その流域で古代文明のひとつ、**メソポタミア文明**が生まれた川。

マルウィヤ・ミナレット

世界遺産

イラクで最も古いイスラム教のモスクに建てられている、らせん状の塔の遺跡。

デーツ

中東でよく食べられているナツメヤシの甘い実。たくさん輸出している!

トルコ
チグリス川
シリア
バグダッド
ヨルダン
ユーフラテス川
クウェート
サウジアラビア

基本データ

正式国名 イラク共和国
首都 バグダッド
面積 43万5千km²
人口 4,353万4千人
主な言語 アラビア語、クルド語
通貨 イラク・ディナール

なんだかとっても暑いにゃ。

5～10月のイラクはとっても暑くて、**気温が50度以上**になることもあるにゃ。

50度!? 数字を聞いたら、もっと暑く感じてきちゃったにゃ…。

チグリス川か、**ユーフラテス川**でちょっと泳いでいくにゃ? 流域で**メソポタミア文明**が生まれた川たちにゃ!

文明! かしこくなりそうなひびきにゃ。

全力で泳いでみたけど、特にかしこくは ならなかったにゃ。

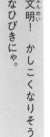

どんまいにゃ。

イラクも、イランと同じように**石油**がたくさんとれるのが産業の特徴にゃ。

じゃあ、お金持ちの国にゃ?

確かに石油を売るお金で経済は支えられているにゃ。でも実は、イラクは**度重なる戦争で大きな被害**を受けて、その爪痕がまだ残っている国にゃ。

イラン・イラク戦争に湾岸戦争、イラク戦争…ぜんぶイラクが戦場になったにゃ。

ええ!? なんでそんなに争いが起きちゃったにゃ!?

それぞれの戦争で原因はいろいろあるけど…。

イスラム教の宗派の違いがきっかけのひとつにゃ。イラクの中だけでも、シーア派が2/3、スンナ派が1/3とわかれているにゃ。

どんなことも話し合いで解決していけるといいにゃ。

同感にゃ。

知ってたら **大人の仲間入りにゃ!**

サダム・フセイン

イラクを独裁していた、スンナ派の元大統領にゃ。1980年のイラン・イラク戦争から2003年のイラク戦争まで彼のもとで戦争が行われ、たくさんの犠牲者が出たにゃ。

クイズ!

イラクを流れる有名な川で、文明が生まれた川といえば?

□□□□川・□□□□□□□川

答え チグリス(川)・ユーフラテス(川)

アラブ首長国連邦マップ

イラン

ザクム油田

日本も開発に参加した油田。海底から石油を掘っている。

パーム・アイランド

世界一大きな人工島群。

ペルシャ湾

カタール

ドバイ

ルブアルハリ砂漠

アブダビ

ブルジュ・ハリファ

世界一高いビル！ その高さ、828m。

世界遺産

アル・アイン遺跡

世界最古の、人が定住した場所のひとつ。

サウジアラビア

オマーン

UAE

基本データ

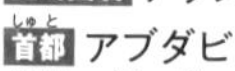

正式国名 アラブ首長国連邦

首都 アブダビ

面積 7万1千km^2

人口 936万5千人

主な言語 アラビア語　**通貨** ディルハム

イエメン

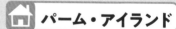

長い名前の国にゃ！

7つの首長国が集まってできている国だから、「首長国連邦」って名前にゃ。

首長国？ 小さな国みたいなものにゃ？

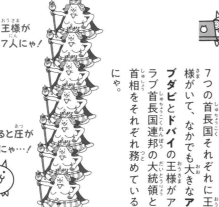

まあだいたいそんな感じにゃ。7つの首長国それぞれに王様がいて、なかでも大きな**アブダビ**と**ドバイ**の王様がアラブ首長国連邦の大統領と首相をそれぞれ務めているにゃ。

王様が7人にゃ！

7人いると圧がすごいにゃ…！

7人も王様がいるなら、きっと国中がお城だらけにゃ！ うらやましいにゃ！

お城もあるけど、**国土のほとんどが砂漠**の国にゃ。

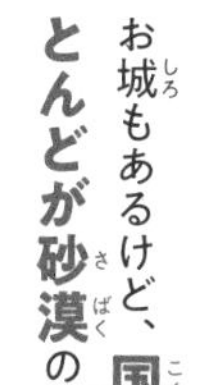

ええ!? それじゃ、氷の宮殿は!? 滝のある庭は!? 黄金のお風呂は!? ないにゃ!?

黄金のお風呂…？ ネコの王様のイメージ、独特にゃ…。

砂漠だけど油田があって、**石油や天然ガス**がたくさんとれるにゃ。石油は世界中で必要とされるから、経済はとっても豊かな国にゃ！

よかった、それならきっとあるにゃ、黄金のお風呂…！

たぶんだけど、ないと思うにゃ。

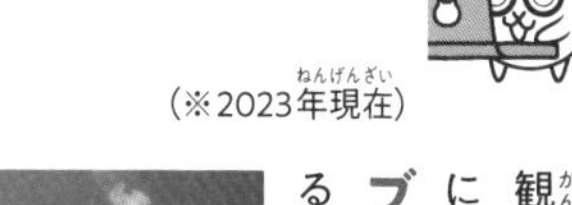

観光地として人気のドバイには**世界一高いビルのブルジュ・ハリファ**[※]もあるにゃ。

（※2023年現在）

砂漠と、世界一のビル…なんかギャップのすごい国にゃ！

高いものを見ると飛び越えたくなるにゃ。

やめといたほうがいいにゃ。828 m あるから。

クイズ！

アラブ首長国連邦は何がたくさんとれる？ 2つ選ぼう。

①石油 ②黄金の風呂 ③天然ガス

答え ①石油と③天然ガス

まとめクイズ！ { MATOME QUIZ }

まとめQ1

アジアン料理のお店で働く
ネコウエイトレスが、メニューカードを作ったにゃ。
どれがどの国の料理かわかるかにゃ？

1
米は米でもパラっとしてる。
それがチャオプラヤ川の河口で
とれるお米の特徴にゃ。
今ならすっぱいスープも
つけちゃうにゃ！

2
みんな大好き、スパイス
たっぷり魅惑の一皿。
ただし、牛肉は
宗教が理由で
入っていないにゃ！

3
東西の魅力を
ほどよくミックス！
世界3大料理の実力、
試してみてにゃ！

4
伝統にのっとって、
結婚式などで食べてほしいにゃ！
プロフのおいしさはアラル海のように
干上がることなく、
どんどんわいてくるにゃ！

5
険しいヒマラヤ山脈の
斜面で育った唐辛子を
たっぷり！
幸福の国の激辛
スープでお口も
ハッピーにゃ！

6
黄河文明から続く
歴史あるレシピ！
アジア一広い土地で作った
豊かな食材てんこ盛りにゃ！

全問正解したら完全勝利にゃ！　全部まちがえたら…
何度でも16ページから出直してくればいいにゃ！

アジア

まとめQ2

地図に示された場所の名前、わかるかにゃ?

※地図は一部簡略化しています。

2 アジアとヨーロッパの境目にある国
1 中国の首都
4 インドを流れる、ヒンドゥー教徒にとって神聖な川
6 ラオス・ベトナム・カンボジア・タイを流れる大河
3 イスラム教の聖地・メッカのある国
5 世界一高い山エベレストがある山脈

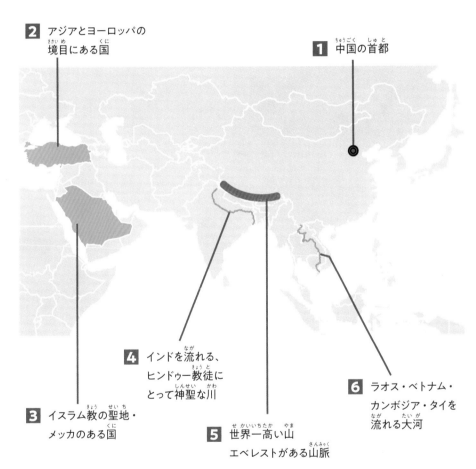

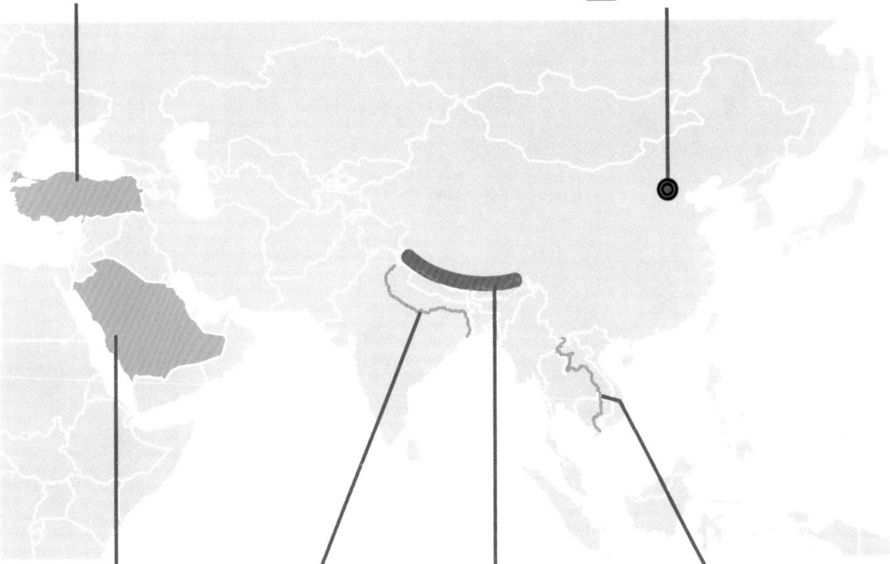

答え Q1 ①タイ　②インド　③トルコ　④ウズベキスタン　⑤ブータン　⑥中国

Q2 ①北京　②トルコ　③サウジアラビア　④ガンジス川
⑤ヒマラヤ山脈　⑥メコン川

次はオタネコの極秘レポートにゃ!

ネコカメラマンもついてきた！
オタネコの極秘レポート！
OTANEKO GOKUHI REPORT

読めば世界がもっと見えてくるにゃ！

今回のテーマ

キリスト教・イスラム教・仏教!? 世界三大宗教のナゾに迫る！

世界には、人間の力を超えた神聖な存在を信じる、
様々な宗教があるらしいにゃ。
なかでも「世界三大宗教」と呼ばれる宗教を徹底調査したにゃ！

情報
その1

キリスト教の信者は、世界人口の約30%！

三大宗教のなかでも信者が多く、ヨーロッパを中心に**世界に約25億人の信者がいる**といわれているにゃ。

「神の子」キリストの教えを信じる！

今から2000年以上前、パレスチナで生まれたイエス・キリストという人を神様から遣わされた救世主「神の子」として、その教えを信じているにゃ。

クリスマスはもともとキリストの誕生を祝う、キリスト教徒のお祭りにゃ！

「神様」はひとりだけ！

キリスト教では神様はひとりだけで、ほかに神様はいないとされているにゃ。ただ、それを逆に言うと**「ほかの宗教の神様は認めない」**ということだから、ほかの宗教との対立が起きた歴史もあるにゃ。

キリスト教の教会。
（サン・ピエトロ大聖堂／バチカン市国）

情報その2

イスラム教、実は元はキリスト教と同じ！

イスラム教は実は、キリスト教と同じ**「ユダヤ教」という宗教から生まれてきたらしい**にゃ！

預言者ムハンマドが開いた

アラビアのムハンマドという人が、神様からの啓示を受けたことから始まった宗教にゃ。

イスラム教も**「アッラー」という神様をただひとりの神として信仰している**にゃ。

コーランに書かれた厳しい戒律

イスラム教の教えは「コーラン」という聖書にまとめられていて、「1日5回のお祈りをする」「豚肉を食べてはいけない」など**厳しいルール**も定められているにゃ。

イスラム教の礼拝堂モスク。（ブルーモスク／トルコ）

最近はイスラム教を「イスラーム」、信仰する人を「ムスリム」とも呼ぶにゃ。

情報その3

仏教には仏様がいっぱい!?

キリスト教やイスラム教と違って、仏教には神様ではなくいろいろな仏様がいるにゃ。

ブッダ（釈迦）がインドでスタート

インドでブッダ（釈迦）という人が始めた宗教にゃ。

日本の文化のあちこちに影響

日本にも古くから伝わっていたので、日本の文化にもたくさん影響を与えているにゃ！

修行中の仏教徒。（タイ）

ポイント

キリスト教、イスラム教には神様がひとりだけ。仏教にはたくさんの仏様がいる。

次はヨーロッパにゃ！

ヨーロッパ

アジアにもまたがるロシアと、ユーラシア大陸の西の国々!

東ヨーロッパ

ロシアをはじめ、ウクライナやポーランドなど、ロシアの影響力が強い地域!

ノルウェー p.126

フィンランド p.130

スウェーデン p.128

エストニア

ラトビア

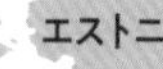

ロシア p.104

デンマーク

リトアニア

オランダ p.112

ポーランド p.122

ベラルーシ

ドイツ p.88

チェコ p.118

ウクライナ p.124

ベルギー p.114

スロバキア

オーストリア p.116

ハンガリー

モルドバ

スロベニア

クロアチア

ルーマニア

スイス p.110

ボスニア・ヘルツェゴビナ

セルビア

サンマリノ

コソボ

ブルガリア

モンテネグロ

アルバニア

北マケドニア

バチカン

ギリシャ p.120

イタリア p.96

マルタ

南ヨーロッパ

イタリアやスペインなど。地中海の周りにあり、暖かくて過ごしやすい地域だから、観光リゾートも多い!

小さい国がいっぱいにゃ！

ヨーロッパは、ユーラシア大陸の西側で、**歴史ある建物や遺跡のある所**が多いにゃ。ちなみに、**ロシアはページをはみ出すほど大きい**にゃ。

本当にほぼ全部はみ出してるにゃ！ あっ、フランス、イギリス…知ってる国もいっぱいにゃ！

おいしい食べものはもちろん、ヨーロッパの**いろいろな文化は日本に伝わっていて**、関わりの深い国も多いからにゃ。

おいしい食べもの……！ オタネコ、急ぐにゃ！

アイスランド

北ヨーロッパ

北極に近くて寒さの厳しい地域が多い！ エストニア・ラトビア・リトアニアは「バルト三国」とも呼ばれる！

イギリス p.84

アイルランド

西ヨーロッパ

フランス、ドイツなど、特に発展していて世界への影響力も大きい国が多い。国際機関の本部も西ヨーロッパにたくさん置かれている！

フランス p.92

スペイン p.100

ポルトガル p.108

さっそく
それぞれ詳しく見ていくにゃ！

イギリスマップ

湖水地方

世界遺産

自然豊かな地域。「**ピーターラビット**」シリーズの舞台!

ウェストミンスター宮殿

現在は国会議事堂として使われている、11世紀に建てられた宮殿。「**ビック・ベン**」の愛称で有名な時計塔がある。

北海油田

海底から石油を掘る油田。イギリス経済を支えている!

バッキンガム宮殿

イギリス国王の宮殿!

ストーンヘンジ

世界遺産

巨大石が並ぶ不思議な遺跡! 何のためのものなのかわかっていない!

THE U.K.

基本データ

正式国名 英国(グレートブリテン及び北アイルランド連合王国)

首都 ロンドン

面積 24万2千km^2

人口 6,728万1千人

主な言語 英語(アイルランド語、ウェールズ語、スコットランド=ゲール語などを使う地域もある)

通貨 スターリング・ポンド

ネコ、イギリスの**正式な国名**って知ってるにゃ？

…**イギーリスウ**…？
イーギリス…??

英語っぽい発音にゃ…！
ちがうけど…！

「ス」の発音にこだわったにゃ。

正解は、**グレートブリテン及び北アイルランド連合王国**にゃ！

ええ!? どこにも「イギリス」って入ってないにゃ!?

「イギリス」っていう日本語の呼び方は「イングランド」からきてるにゃ。

- **イングランド**
- **スコットランド**
- **ウェールズ**
- **北アイルランド**

の4つの小さな国で出来ているのがイギリスにゃ。

じゃあ、アラブ首長国連邦みたいに、王様も4人いるにゃ？

王様はひとりにゃ！イギリス国王は代々**バッキンガム宮殿**に住んで、イギリスをひとつにまとめているにゃ。

4つの地域に王様ひとりにゃ。

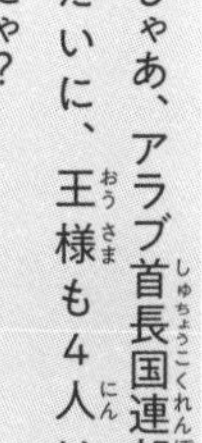

900年以上の歴史がある王室にゃ！

イギリスは、いろんなスポーツが生まれた国にゃ。野球のもとになったと言われる**クリケット**。ほかに**テニス**、**サッカー**、**ボクシング**に**ゴルフ**とか。

人気スポーツ勢ぞろいにゃ！

レッツ試合にゃ！

競技をしぼってほしいにゃ…。

疲れたら、イギリス名物**フィッシュアンドチップス**と紅茶でひと休みにゃ。

ポテトと白身魚のフライがフィッシュアンドチップスの定番にゃ。

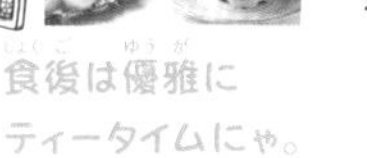

食後は優雅にティータイムにゃ。

これ知ってたら、大人の仲間入りにゃ。

歴史

産業革命と植民地

18世紀後半に、イギリスでは糸を作る機械（紡績機）や蒸気機関が発明されて、工業が急激に発展したにゃ。これを産業革命というにゃ。この産業革命のおかげでイギリスはとっても強い国になって、世界中に植民地を増やしていき、世界の4分の1を支配する国になったにゃ。2度の世界大戦の後、植民地も次々に独立していったけど、イギリス国王は今でも15の国の元首（国の代表）にゃ！

くらし・文化

イギリス発祥のスポーツにゃ。野球に似ていて、平べったいバットでボールを打つにゃ。実は世界で競技している人がとても多く、サッカーより競技人口が多いとする調査もあるにゃ。

歴史

シェイクスピア

16世紀に活躍したイギリスの劇作家・詩人にゃ。代表作に「ロミオとジュリエット」など数々の名作があるにゃ。なかでも「マクベス」「リア王」「オセロー」「ハムレット」は四大悲劇と呼ばれて、現在でも愛されているにゃ。

ご当地にゃんでもクイズ

GOTOUCHI NYANDEMO QUIZ

全問正解したら完全勝利にゃ!　全部まちがえたら…
何度でも3ページ前から出直してくればいいにゃ!

Q1 基本

イギリスの首都は?

□□□□

Q2 まあまあ

イギリスの正式な国名は?

□□□□□□□□及び北アイルランド連合王国

Q3 まあまあ

イギリスの国王が住んでいる宮殿は?

□□□□□□宮殿

Q4 激ムズ

18世紀後半にイギリスで、紡績機や蒸気機関の発明によって工業が急激に発展したことを何という?

□□革命

答え **Q1**ロンドン　**Q2**グレートブリテン(及び北アイルランド連合王国)
Q3バッキンガム(宮殿)　**Q4**産業(革命)

ドイツマップ

ライン川

世界遺産

スイス、ドイツ、オランダを流れる**国際河川**。歴史ある町が沿岸にある!

ベルリンの壁

かつてベルリンを東側と西側に分断していた壁。

デンマーク
ベルリン
オランダ
ポーランド
エルベ川
ベルギー
ライン川
チェコ
ドナウ川
フランス
オーストリア
スイス
イタリア

ノイシュバンシュタイン城

森に囲まれた高台にある、ドイツを代表する美しいお城!

ルール工業地帯

ドイツの工業化に重要な役目を果たした工業地帯。その後、石炭が採れなくなって衰退したけれど、**先端産業で復活**しはじめている!

GERMANY

基本データ

正式国名 ドイツ連邦共和国
首都 ベルリン
面積 35万8千km^2
人口 8,340万9千人
主な言語 ドイツ語 **通貨** ユーロ

ドイツは、**ヨーロッパ最大の工業国**にゃ。作っているもので有名なのは…。

どらやき?

自動車にゃ。**「メルセデスベンツ」**とか**「BMW」**とか、有名な自動車メーカーがあるにゃ。どらやきは工業製品ですらないにゃ…。

ちょうど食べたい気分だったにゃ。そうだったらいいなって願いを込めたにゃ。

期待に応えられなくてごめんにゃ。おなかがすいているなら、ドイツの名物**ソーセージ**はどうにゃ?

焼いて食べたら最高にゃ!

その火で焼くの、ちょっと抵抗あるにゃ…。

おいしそうにゃ! せっかくだから、全種類食べたいにゃ!

それはちょっと、すぐには難しいにゃ…。ドイツのソーセージには、**1500以上の種類**があるといわれているから。

1500種類!?

ドイツの人は1500本も1日で食べ切れるにゃ!?

1日で食べる必要はないにゃ。

ビールも世界有数の生産国で、5000以上も種類があるらしいにゃ!

5000種類1日で…?

絶対にやめたほうがいいにゃ。

バッハとか**ベートーヴェン**とか世界的に有名な人の出身地でもあるにゃ。

ああ! 俳優の!

作曲家にゃ…。様々な名曲が生まれたクラシック音楽大国にゃ!

ああ! 「運転」で有名な人にゃ? ベートーヴェン。

ベートーヴェンの名曲は「運命」にゃ。

これ知ってたら、大人の仲間入りにゃ。

産業

環境先進国

工業がさかんなドイツは、早くから環境問題にも悩まされてきたにゃ。そのため環境保護のための法律や政策がたくさんあって、環境先進国と呼ばれることもあるにゃ。たとえば南西部の都市フライブルクでは、旧市街地への自動車の乗り入れを規制して車の利用率を減らしているにゃ。

歴史

ノイシュバンシュタイン城

世界でもっとも美しいお城のひとつにゃ。19世紀に大の音楽劇好きだった当時の王ルートヴィヒ2世によって建てられたけれど、城のグランドデザインをしたのは建築家ではなく、なんと舞台美術を担当していた画家だったそうにゃ!

歴史

ベルリンの壁

第二次世界大戦で敗れたドイツは、東半分はソ連、西半分はアメリカ、イギリス、フランスの連合軍に占領されて、西と東でふたつの国に分かれてしまったにゃ。現在の首都ベルリンは街が東西に分かれてしまい、1989年に壊されるまで高い壁で分断されていたにゃ。

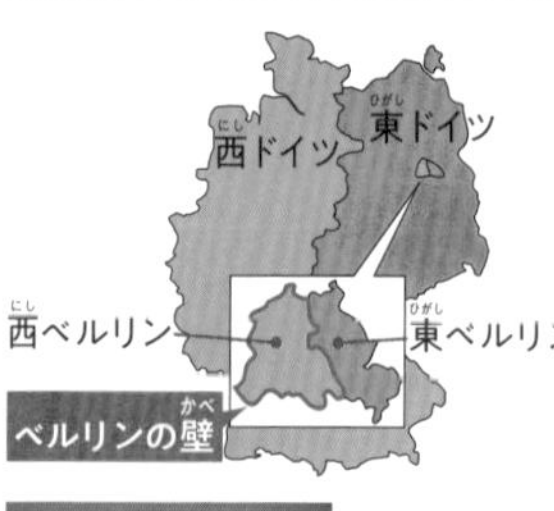

ご当地にゃんでもクイズ

GOTOUCHI NYANDEMO QUIZ

全問正解したら完全勝利にゃ!　全部まちがえたら…
何度でも3ページ前から出直してくればいいにゃ!

Q1 基本

ドイツの首都は?

□□□□

Q2 まあまあ

現在のドイツ出身の、有名なクラシック音楽の作曲家といえば、ベートーヴェンと□□□。□□□に当てはまるのは?

□□□

Q3 まあまあ

ドイツの説明として、正しいのはどれ?

①ヨーロッパ最大の農業国で、ワインの原料になるブドウの栽培がさかん。
②ヨーロッパ最大の漁業国で、サーモンの輸出がさかん。
③ヨーロッパ最大の工業国で、自動車や精密機器の生産がさかん。

Q4 激ムズ

第二次世界大戦後に、東西に分かれていたドイツ。その分断を象徴するように、ベルリンに建てられたものは?

□□□□の□

答え Q1 ベルリン　Q2 バッハ　Q3 ③　Q4 ベルリン(の)壁

フランスマップ

エトワール凱旋門

ナポレオン1世が、その偉業をたたえるためにつくらせた門。

ルーブル美術館

世界遺産

世界最大級の国立美術館! 『モナ・リザ』なども所蔵されている!

ブドウ

ワインの生産がさかんで、原料になるブドウもたくさん作られている!

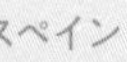

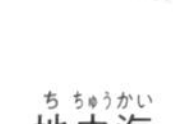

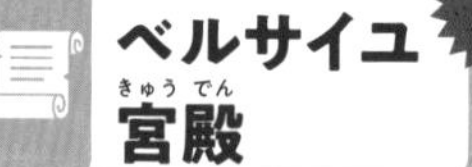

モン・サン・ミッシェル

世界遺産

引き潮の時だけ道が現れる、小さな島に建てられた修道院。

ベルサイユ宮殿

世界遺産

17世紀に造られた豪華な宮殿。

FRANCE

基本データ

正式国名 フランス共和国

首都 パリ

面積 64万1千km^2

人口 6,687万6千人

主な言語 フランス語　**通貨** ユーロ

オタネコ、フランスはどんな国にゃ？

ちょっと待つにゃ、ごはんが終わるまで…3時間待ってほしいにゃ。

3時間!? 何を食べる気にゃ!?

世界三大料理のひとつ、**フランス料理**のフルコースにゃ！

最高においしいそうにゃ…！でも、なんでそんなに時間がかかるにゃ？

前菜、スープ、メイン…と、**一皿ずつ出す**のがフランス料理のスタイルだからにゃ。ユネスコの**無形文化遺産**にも登録されているにゃ！

フランスではマナーや文化を学ぶために、小学校の給食がコース料理の構成で出されることもあるらしいにゃ。

ちょっと転校してくるにゃ。

何が目的かわかりやすいにゃ…。

本当においしいにゃ！ なんでこんなにおいしいにゃ？

いろいろ理由はあるけど、やっぱり**ヨーロッパ有数の農業国**で食材が豊富なことが大きいにゃ！

…というか、今、つまみ食いしたにゃ…？

つまみ食いどころか、一皿ペロリにゃ！

キリッ

キリッとして言われると怒りづらいにゃ…。まあいいにゃ。フランス名物の**ワイン**と**チーズ**は残っているし。

並べるだけでおしゃれな食卓になる食べ物ランキングトップ2にゃ…！（ネコ調べ）！

それは完全に同意にゃ。おしゃれといえば、フランスはファッションの祭典といわれる**パリコレ**が開かれることでも有名にゃ。

流行の最先端ファッションにゃ！
新しすぎてマネできないにゃ。

世界最大級の**ルーブル美術館**もあって、まさに「美と芸術の国」にゃ！

これ知ってたら、大人の仲間入りにゃ。

くらし・文化　世界遺産

ルーブル美術館

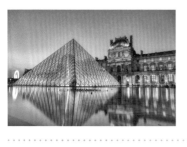

世界最大級の国立美術館にゃ。「ミロのヴィーナス」や「モナ・リザ」などの世界的名作を始め、古代から19世紀までのたくさんの作品が所蔵されているにゃ。全部見るには1週間かかるともいわれるにゃ！

歴史　世界遺産

ベルサイユ宮殿

17世紀後半に、太陽王ルイ14世が建てた宮殿にゃ。王の富と権力の象徴として技術を極めた豪華な宮殿で、そこでの華やかな生活が国の財政を悪化させたにゃ。ルイ16世のときに民衆の怒りが爆発してフランス革命が起こり、国王に権力のあった王政が倒されたにゃ。

歴史

ナポレオン

フランス革命の後に皇帝になった、フランスの英雄にゃ。ヨーロッパじゅうの国と戦って、そのほとんどに勝利し、一時はヨーロッパ大陸の大半を支配下に置いたにゃ！

ご当地にゃんでもクイズ

GOTOUCHI NYANDEMO QUIZ

全問正解したら完全勝利にゃ！　全部まちがえたら…
何度でも3ページ前から出直してくればいいにゃ！

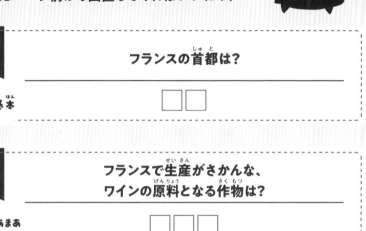

Q1 基本

フランスの首都は？

□□

Q2 まあまあ

フランスで生産がさかんな、ワインの原料となる作物は？

□□□

Q3 まあまあ

17世紀に建てられ、フランス最後の王ルイ16世が暮らした宮殿は？

□□□□□宮殿

Q4 激ムズ

フランス革命後、周辺の国との戦いに次々と勝利を収め、ヨーロッパ大陸の大半を支配下におく皇帝となった人物といえば？

□□□□□

答え Q1 パリ　Q2 ブドウ　Q3 ベルサイユ(宮殿)　Q4 ナポレオン

イタリアマップ

ナポリピッツァ

薪窯で焼くのが伝統的!

ベネツィア

世界遺産

150以上運河がある、水の都! ゴンドラという渡し舟で通行する。

革製品

フィレンツェで作られるくつやかばんの革製品が有名!

ピサの斜塔

世界遺産

傾いたまま完成した塔!

レモン

地中海最大の島シチリア島では、レモンの栽培がさかん!

コロッセオ

世界遺産

2000年近く前、古代ローマ時代につくられた円形のスタジアム!

スイス
オーストリア
スロベニア
クロアチア
フランス
ミラノ
サンマリノ
フィレンツェ
ローマ
アドリア海
サルデーニャ島
バチカン市国
シチリア島
地中海

ITALY

基本データ

- **正式国名** イタリア共和国
- **首都** ローマ
- **面積** 30万2千km^2
- **人口** 5,924万人
- **主な言語** イタリア語　**通貨** ユーロ

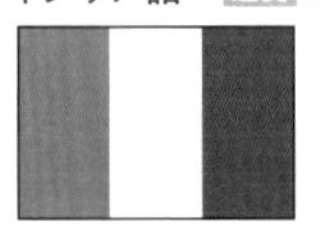

オタネコ！ 逃げるにゃ！

どうしたにゃ？ パスタだと思って食べたらきしめんだった、みたいな顔して??

それどんな顔にゃ？ あそこに、**今にも倒れそうな塔**があるにゃ！ 危ないにゃ！

大丈夫にゃ。あれは**ピサの斜塔**にゃ。完成したときから傾いているにゃ。

最初から？ 変わった建物のある国にゃ。じゃあ、あれも最初から壊れてたにゃ？

危ういバランスに見えて意外と安定してるにゃ！

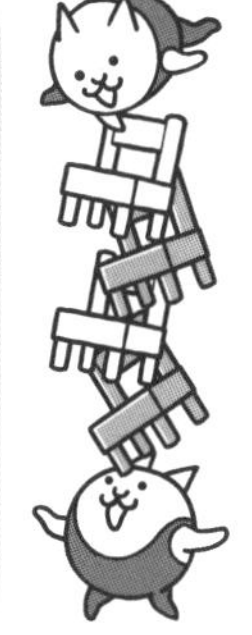

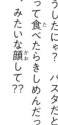

コロッセオは、地震で崩れたといわれる建物にゃ。**約2000年前**の闘技場にゃ！

見世物として猛獣と剣闘士が闘ってたらしいにゃ。

どっちかというと仲良くしてるところのほうが見たいにゃ…。

2000年も昔に、なんでこんな大きな建物が作れたにゃ？

当時、**ローマ帝国**っていう大帝国があったにゃ。今のヨーロッパの大部分と、西アジア、北アフリカの一部まで支配する大きな国で、ローマはその中心地だったにゃ。

大きい国に大きい建物…。なるほど、納得にゃ。

この時代の建物などがたくさん残っていて、イタリアは**世界でいちばん世界遺産が多い国**として**観光業**がさかんにゃ。

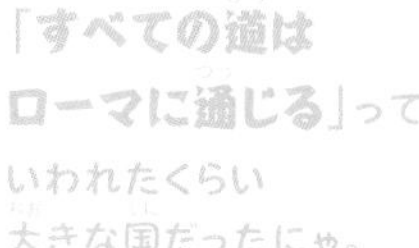

「すべての道はローマに通じる」っていわれたくらい大きな国だったにゃ。

2023年現在、全部で58個の世界遺産があるにゃ！ 1か所10分ずつ、見てくるにゃ！

1か所10分でも9時間以上かかるにゃ…！

これ知ってたら、大人の仲間入りにゃ。

歴史

ルネサンス

14世紀にイタリアで始まった、古代ギリシャやローマの文化を復活させようとする動きのことにゃ。レオナルド・ダ・ヴィンチやミケランジェロが絵画や彫刻で傑作を生み出し、ヨーロッパ全土に広まっていったにゃ。

レオナルド・ダ・ヴィンチの「最後の晩餐」

グルメ

パスタ

イタリアの国民食で、小麦粉でできた麺類のことにゃ。日本でよく知られている「スパゲッティ」のほかにも、長さや形がちがうものがたくさんあるにゃ。その種類は、なんと500以上もあるといわれているにゃ！

その他 世界遺産

バチカン市国

ローマの中にある、世界でいちばん小さい国にゃ。1時間ほどで歩いて1周できてしまう大きさにゃ。キリスト教のカトリック教会のトップ、ローマ教皇が国を治めていて、カトリック教会の聖地にゃ。人口も世界最少で、約500人ほど。そのほとんどが教会関係者にゃ。

ご当地にゃんでもクイズ

GOTOUCHI NYANDEMO QUIZ

全問正解したら完全勝利にゃ！　全部まちがえたら…
何度でも3ページ前から出直してくればいいにゃ！

Q1 基本

イタリアの首都は？

□□□

Q2 まあまあ

イタリアにある、完成したときから傾いた状態の建物といえば？

□□の□□

Q3 まあまあ

およそ2000年ほど前に、今のイタリアを中心にヨーロッパや西アジア、北アフリカを支配していた古代国家といえば？

□□□帝国

Q4 激ムズ

イタリアの首都の中には、別の国がある。世界で最も面積が小さいその国といえば？

□□□□市国

答え Q1 ローマ　Q2 ピサ（の）斜塔
Q3 ローマ（帝国）　Q4 バチカン（市国）

スペインマップ

サグラダ・ファミリア

天才建築家ガウディの未完の代表作!

ラ・マンチャの風車群

小麦を粉にするために使われていた風車群。「ドン・キホーテ」の舞台。

ピレネー山脈

マドリード

バルセロナ

バレンシア

グラナダ

マラガ

ジブラルタル海峡

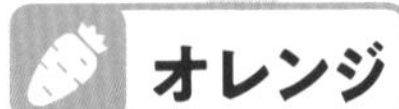

オレンジ

バレンシア地方で栽培がさかん!

アルハンブラ宮殿

世界遺産

スペイン・イスラム建築の傑作!

オリーブオイル

生産量世界一!(2019年)

SPAIN

基本データ

正式国名 スペイン王国

首都 マドリード

面積 50万6千km^2

人口 4,748万7千人

主な言語 スペイン(カスティージャ)語、(州により公用語として、バスク語、カタルーニャ語、ガリシア語、バレンシア語、アラン語)

通貨 ユーロ

スペインにゃ！**「情熱の国」**と呼ばれることもある、いろいろ熱い国にゃ。

さっきネコマタドールに赤い布を渡されたんだけど、何か関係あるにゃ？

スペインは**闘牛**の本場だから、きっと教えてくれるつもりにゃ！

闘牛って、危なくないにゃ？
素人がやるのはちょっと危ないにゃ！

残念にゃ…。今日に限って、**闘牛用の靴下をはき忘れた**にゃ。闘牛できないにゃ。

靴下…？

…じゃあ、ネコフラメンコに**フラメンコ**を習うのはどうにゃ？ スペイン名物の踊りにゃ！

フラメンコって疲れないにゃ？
もちろん汗だくにゃ！

残念にゃ…。今日の星占いで、**おとめ座はフラメンコ禁止**って出てたにゃ。

ネコ、おとめ座だったにゃ？
ちがうにゃ！

ネコ、お疲れ気味にゃ？ じゃあ**パエリア**もいらないにゃ？ 名物だけど…。

それは食べるにゃ!! 食べ物への情熱は誰にも負けないにゃ!!

情熱の国にふさわしいネコが見られてよかったにゃ。

おなかいっぱいになったらやる気が出てきたにゃ！

闘牛とフラメンコ、チャレンジするにゃ？ それとも昼寝？

昼寝…!?

スペインでは**シエスタ**といって、**昼食後に休憩する習慣**があるにゃ。午後に集中するため、昼寝する人も多いらしいにゃ。

じゃあ、昼寝に決定にゃ！

さすがの即決にゃ。

これ知ってたら、大人の仲間入りにゃ。

アルハンブラ宮殿

歴史 世界遺産

グラナダにある、スペイン・イスラム建築の傑作と呼ばれる美しい宮殿にゃ。現在のスペインはキリスト教徒の多い国だけれど、イスラム王朝に支配されていた13世紀に建築されたにゃ。

ピカソ

歴史

世界的な画家、ピカソはスペインのマラガという都市で生まれたにゃ。ピカソの生まれた家も観光地になっているにゃ！ キュビズムという個性的な手法の絵が有名なピカソだけど、若いころは写実的な絵も多く描いていたにゃ。

ピカソの生まれたマラガの街並み

サグラダ・ファミリア

歴史 世界遺産

天才建築家アントニオ・ガウディが設計した、バルセロナにある壮大な教会にゃ。一部が世界遺産に登録されているにゃ。壮大すぎて、1882年に建てはじめたけれど、140年以上たった今もまだ完成していないにゃ。ガウディが亡くなった後も建築が続けられているにゃ。

ご当地にゃんでもクイズ

GOTOUCHI NYANDEMO QUIZ

全問正解したら完全勝利にゃ!　全部まちがえたら…
何度でも3ページ前から出直してくればいいにゃ!

Q1　基本

スペインの首都は?

□□□□□

Q2　まあまあ

スペインで伝統的に行われる、赤い布を使って暴れ牛と闘う競技といえば?

□□

Q3　まあまあ

スペイン名物の踊りで、手やカスタネットをたたきながら足を踏み鳴らして踊る踊りといえば?

□□□□□

Q4　激ムズ

バルセロナにある今も建築中の教会で、建築家アントニオ・ガウディの作品といえば?

□□□□・□□□□□

答え Q1 マドリード　Q2 闘牛　Q3 フラメンコ　Q4 サグラダ(・)ファミリア

ロシアマップ

永久凍土（ツンドラ地帯）

1年中ほとんど解けることのない、凍った大地が広がる。

針葉樹林帯（タイガ）

寒さに強い針葉樹だけが生える地帯。

シベリア鉄道

約9,300 km におよぶ、**世界最長の鉄道**!

マトリョーシカ

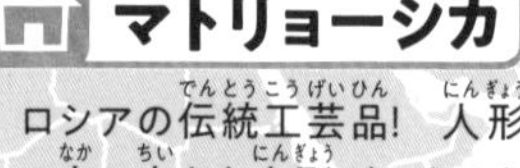

ロシアの伝統工芸品! 人形の中に小さな人形がおさめられている!

バイカル湖

冬の間は凍り付く、世界一古くて深い湖!

RUSSIA

基本データ

正式国名 ロシア連邦
首都 モスクワ
面積 1,709万8千km^2
人口 1億4,510万3千人
主な言語 ロシア語 **通貨** ルーブル

面積が世界一!

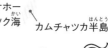

見渡すかぎり、雪景色にゃ！

ロシアは**世界一面積が広い**国で、寒い地域が多いにゃ。

ここでかくれんぼしたら見つからない自信あるにゃ。
そのまま迷子になる未来が見えるにゃ。やめとくにゃ。

広いって、どのくらい広いにゃ？　東京ドーム何個分？

3億6千万個分くらいにゃ。
多すぎて逆にピンとこない数字にゃ…！

広すぎて、ロシアの**東の端と西の端とで時差が10時間もある**にゃ。

そんなに広いなら、人口も世界一にゃ？

人口はそこまで多くないにゃ。面積は広いけど、1年中ほとんど凍り続ける**永久凍土**の地帯が広くて、人が住める土地は限られているにゃ。

一方が起きるころ…。

もう一方は眠りにつくにゃ！

じゃあ、広いけど全部雪合戦専用の土地にゃ？

雪合戦専用の土地はそんなにないと思うにゃ…。人は住んでないけど、**油田**や**天然ガス田**があって、資源がたくさんとれるにゃ。

なるほどにゃ。ちなみに、もし薄着で雪遊びしちゃって今にも凍りそうに寒いとき、ロシアの人はどうするにゃ？　**別に吾輩が今そうってわけじゃないんだけど。**

震えてるにゃ!? 大丈夫にゃ!?　温かい**ボルシチ**を飲んで体を温めるにゃ！　ロシアの伝統料理のスープにゃ！

あったかくておいしいにゃ…いっそ、このボルシチに全身浸かりたいくらいにゃ…！

浸かるなら、お風呂のほうがオススメにゃ。
ごもっともにゃ！

これ知ってたら、大人の仲間入りにゃ。

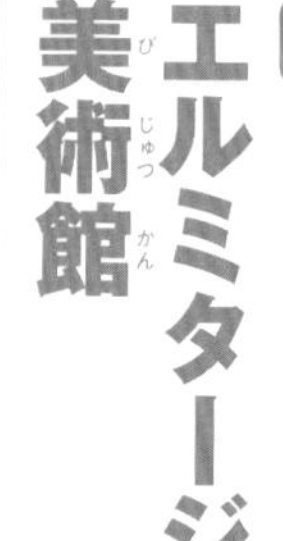

産業

シベリア鉄道

西側にある首都モスクワから東の端のウラジオストクまでをつなぐ鉄道にゃ。世界最長の鉄道で、約9300kmの道のりを約7日間かけて走るにゃ。

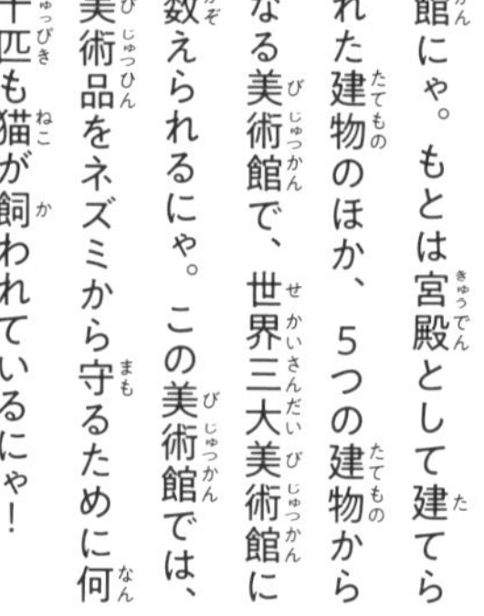

くらし・文化

エルミタージュ美術館

サンクトペテルブルクにある美術館にゃ。もとは宮殿として建てられた建物のほか、5つの建物からなる美術館で、世界三大美術館に数えられるにゃ。この美術館では、美術品をネズミから守るために何十匹も猫が飼われているにゃ！

歴史

チャイコフスキー

たくさんのバレエ音楽を作曲した、ロシア生まれの音楽家にゃ。三大バレエと呼ばれる名作「白鳥の湖」「眠れる森の美女」「くるみ割り人形」はすべて彼の作品にゃ。ロシアのバレエの発展に貢献した人物にゃ。

ご当地にゃんでもクイズ

GOTOUCHI NYANDEMO QUIZ

全問正解したら完全勝利にゃ！　全部まちがえたら…
何度でも3ページ前から出直してくればいいにゃ！

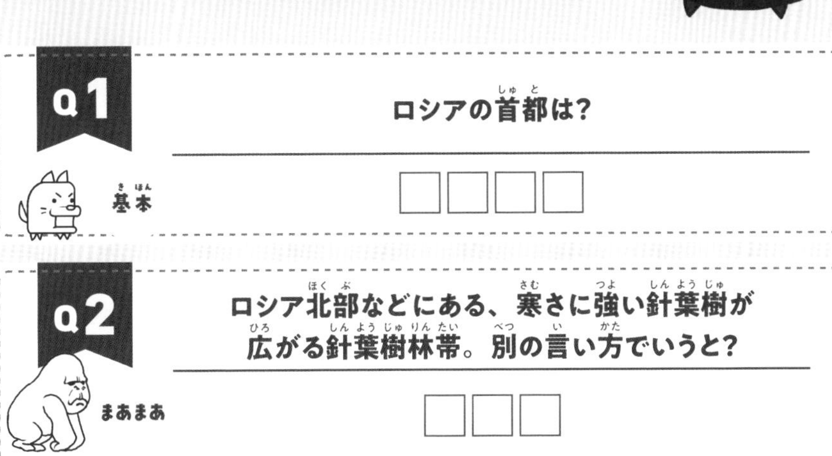

Q1 基本

ロシアの首都は？

□□□□

Q2 まあまあ

ロシア北部などにある、寒さに強い針葉樹が広がる針葉樹林帯。別の言い方でいうと？

□□□

Q3 まあまあ

ロシアの説明として、正しいものはどれ？

①面積が世界一広いが、厳しい寒さで人が住めない土地も多く、人口はさほど多くない。
②面積が世界一広く豊かな資源がとれ、人口も世界一多い。
③面積が世界一広く人口も世界一多いが、資源が少ない。

Q4 激ムズ

ロシアの首都から東端のウラジオストクまでを結ぶ、世界最長の鉄道といえば？

□□□□鉄道

答え **Q1** モスクワ　**Q2** タイガ　**Q3** ①　**Q4** シベリア（鉄道）

ポルトガルマップ

コルク

世界で使われているコルクの半分以上がポルトガル産!

イベリア半島

ベレンの塔

世界遺産

バスコ・ダ・ガマのインド航路発見を記念して16世紀に建てられた塔。

ポルト

スペイン

大西洋

ジェロニモス修道院

世界遺産

大航海時代の輝かしい歴史を伝える修道院。完成まで300年かかった!

リスボン

ロカ岬

ユーラシア大陸のいちばん西の端にある岬!

バスコ・ダ・ガマ

大航海時代、**アジアへの航路を発見**した人!

PORTUGAL

基本データ

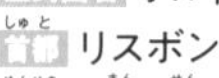

- **正式国名** ポルトガル共和国
- **首都** リスボン
- **面積** 9万2千km^2
- **人口** 1,029万人
- **主な言語** ポルトガル語　**通貨** ユーロ

ポルトガルは、**大航海時代**に栄えた**海洋帝国**だったにゃ！

大公開？　何を公開したにゃ？　自慢のお宝コレクションとか？

あいにくだけど、その「公開」じゃないにゃ。「**航海**」は**海を船で渡ること**。15世紀から17世紀にかけて、ヨーロッパの人たちが**アジア・アフリカ・アメリカ大陸へ向けて船で進出**したにゃ！

その先駆けだったのがポルトガルで、**探検家バスコ・ダ・ガマ**が発見したアジアへの航路で大航海時代が一気に進んだにゃ。

わざわざアジアまで、みんな何しに来てたにゃ？

コショウなど、**アジアの香辛料**を手に入れるのが目的のひとつにゃ。当時、香辛料は高級品だったにゃ！

食料を保存したり、
肉などの臭みをとるため
金と同じくらい
大事にされたにゃ！

香辛料でお金を稼いだポルトガルはどんどん勢力を広げて、**各地で植民地を増やしていった**にゃ。

くしゃみで
とんじゃったら
大ショック

それって、大航海される側からしたら、かなり困ったことにゃ？

その通りにゃ。**植民地にされた側は大変**にゃ。

「一方から見ると立派なことだけど、もう一方には困ったこと」は、歴史のあるあるにゃ。

物事はいろんな
角度から見るのが

その角度からは、

だけどにゃ。

※ここからはミニコーナーでお届けするにゃ。

知ってたら
大人の仲間入りにゃ！

日本に伝わったもの

世界中に進出したポルトガルからは、日本にもいろいろなものが伝わったにゃ。カステラやビスケット、キリスト教や火縄銃、医学や天文学も、ポルトガルから日本にもたらされたものにゃ。

クイズ！

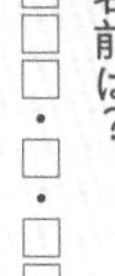

アジアへの航路を発見したポルトガルの探検家の名前は？

□□□・□・□□

答え バスコ・ダ・ガマ

スイスマップ

氷河急行

標高約2,000 m まで登る、観光列車。

時計

高品質な時計のメーカーが多いことで有名!

ドイツ

マッターホルン

氷河に削られた山。その美しさで世界的に有名!

ライン川

ベルン

チューリヒ

フランス

アルプス山脈

ジュネーブ

ラクレットチーズ

野菜や肉に、溶かしたチーズをかけて食べる、スイスの名物料理!

スイス銀行

永世中立国のスイスに本店がある銀行で、世界中から預金が集まる!

イタリア

SWITZERLAND

基本データ

正式国名 スイス連邦
首都 ベルン
面積 4万1千km²
人口 869万1千人
主な言語 ドイツ語、フランス語、イタリア語、ロマンシュ語
通貨 スイスフラン

アルプス山脈がそびえる国、スイスにゃ！　高原は空気がおいしいにゃ～！

ほんとにゃ。景色最高にゃ！　アルプス山脈の向こうに見えないけどイタリアがあるにゃ？

そうにゃ。ドイツとフランスもとなり合ってるにゃ。

なんだかヨーロッパの代表的な国、大集合な場所にゃ！

その通りにゃ。18～19世紀は周りで戦争も色々起こっていたにゃ。

だからスイスは独立を保つために、**永世中立国**になったにゃ！

ええっ!?

…で、えいせいちゅうりつこくって何にゃ？

わからないのに全力のリアクションありがとうにゃ。簡単に言うと、この先どこの国が戦争をしても、**スイスは誰の味方もしないし自分から戦争を始めることも絶対にしない**よ、と宣言したにゃ。

なんか、一匹オオカミっぽくてかっこいいにゃ…！

本当に
強いものは、
むやみに
群れない
ものにゃ。

人それ
それにゃ！
そうにゃ
そうにゃ！
耳が
痛いにゃ。
みかん

だからスイスには、**世界貿易機関（WTO）**や**世界保健機関（WHO）**など重要な国際機関の本部が置かれているにゃ！

よし、
吾輩もこれからは、
納豆のひきわり派と
小粒派、
どちらの味方も
しないにゃ！

そんな派閥
あったにゃ？

知ってたら **大人の仲間入りにゃ！**

アルプホルン

スイス伝統の笛。山岳地帯の牛飼いたちが、お互いに合図するために使われていたそうにゃ。

クイズ！

スイスは独立を保つために、□□□□国になった。□に当てはまる漢字4文字の言葉は？

答え　永世中立（国）

オランダマップ

チューリップ

5000種類以上あるといわれるチューリップ。球根は**世界中に輸出**されている!

ポルダー（干拓地）

海より低い土地が多く、ポンプで水をくみ上げて畑にしている。

クロケット

クリーム状の具材が入った、オランダ流コロッケ。

古都デルフト

オランダの伝統的な街並みを残す古都。

NETHERLANDS

基本データ

正式国名 オランダ王国
首都 アムステルダム（政治機能所在地はハーグ）
面積 4万2千km²
人口 1,750万2千人
主な言語 オランダ語 **通貨** ユーロ

お花畑にゃ！　こんなにでっかいお花畑、初めてみたにゃ！

オランダは**チューリップ**をはじめとして、花の栽培がさかんにゃ。世界中に花を輸出しているにゃ！

なんだか
メルヘンにゃ。

メルヘンといえば、**古都デルフト**にはおとぎ話に出てきそうな街並みが残っているにゃ。

メルヘンにゃ！
まるで
絵本にゃ！

同意にゃ。

あ！　**風車**もあるにゃ！　あれはメルヘン感を増すためにあるにゃ？

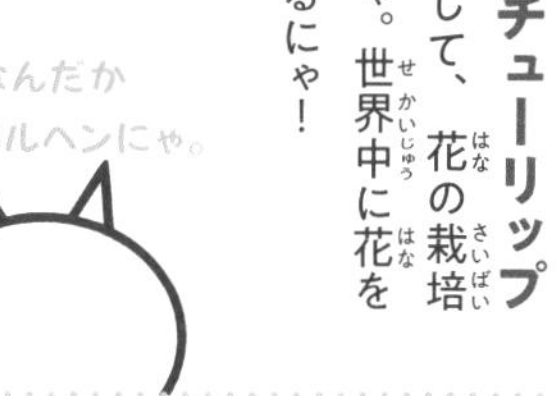

干拓地の水をくみ上げるために使われてた風車にゃ。オランダは国土の4分の1が**海抜0m以下、つまり海より土地が低い**にゃ。だから水をくみ上げて陸地として使えるようにしてきたにゃ。

うんうん、なんていうか、とにかくメルヘンにゃー!!!!
もっと欲しいにゃ！メルヘン！

ええ？　なんか変なテンションになってるにゃ…。あとオランダといえば…。

坂が少ないから**自転車の利用率・世界最高クラス**にゃ！

それは…あんまり
メルヘンじゃ
ないにゃ…。

ごめん、
メルヘンを
見失ったにゃ。

知ってたら
大人の仲間入りにゃ！

運河のボートハウス

ボートハウスという船に住んで暮らす人もいるにゃ。中には電気も水道も通っていて、快適に暮らせるらしいにゃ。

クイズ！

オランダは何の栽培がさかん？

□□□□□□

答え チューリップ

ベルギーマップ

グラン・プラス 世界遺産

まるで劇場のような広場。ここで開かれるお祭りの「フラワーカーペット」では、花で美しい絵が描かれる!

聖母大聖堂 世界遺産

「フランダースの犬」の舞台になったことでも知られる荘厳な大聖堂!

オランダ

ダイヤモンド

ダイヤモンドの**取引量は世界トップクラス**!

アントウェルペン

イーペル

ブリュッセル

EU、NATOの本部

ベルギーには重要な国際機関の本部が置かれている!

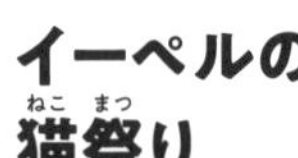

イーペルの猫祭り

3年に一度開かれるお祭り。猫の恰好をして町をパレードする!

ルクセンブルク

フランス

ドイツ

BELGIUM

基本データ

正式国名 ベルギー王国
首都 ブリュッセル
面積 3万1千km²
人口 1,161万1千人
主な言語 オランダ語(フラマン語)、フランス語、ドイツ語
通貨 ユーロ

まるで**お菓子の国**、ベルギーに到着にゃ！

まるでお菓子の国…！なんて魅力的な響きにゃ…！

お菓子作りで有名で、なかでも**ワッフル**や**チョコレート**は世界的に人気があるにゃ！

さっそくみんなで食べに行くにゃー！

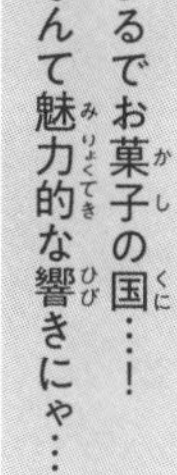
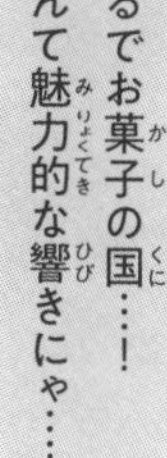

ちょっと待つにゃ！　この言葉を練習してから行くにゃ！

ショコラ
ショコラーデ
ショコラーダ！

急にどうしたにゃ？なんの呪文にゃ？

ベルギーは位置的に**ヨーロッパの中心部**にあって昔から交通の要所だったから、話されている言葉も**オランダ語・フランス語・ドイツ語**と様々にゃ！

つまり、さっきの呪文は…。

フランス語・ドイツ語・オランダ語で「チョコレート」にゃ！

それは意地でも覚えなきゃにゃ…！

知ってたら
大人の仲間入りにゃ！

EU（欧州連合）本部

ブリュッセルにあるにゃ。ベルギーは様々な言葉が話され、位置的にもヨーロッパの中心にあるなどの理由で、本部を置くのにぴったりにゃ！

EUについては、134ページにも載ってるにゃ。

クイズ！

ベルギーの首都・ブリュッセルにあるのは？

①ASEAN本部
②EU本部

答え ②EU本部

オーストリアマップ

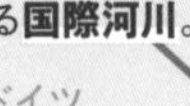

ドナウ川

ドイツ、ハンガリーなどを流れる**国際河川**。

モーツァルト

数々の名曲を残した偉大な天才作曲家！ ザルツブルクで1756年に生まれた！

ウィーン国立歌劇場

世界遺産

バレエやオペラの公演が開かれる劇場。**世界で最も重要なオペラハウス**と呼ばれることも！

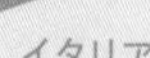

シェーンブルン宮殿

世界遺産

皇帝の一族である**ハプスブルク家**の別荘だった宮殿。1441部屋もある！

ザッハトルテ

伝統的なチョコレートケーキ！

AUSTRIA

基本データ

正式国名 オーストリア共和国

首都 ウィーン

面積 8万4千km^2

人口 892万2千人

主な言語 ドイツ語　通貨 ユーロ

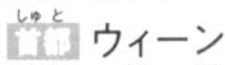

ネコ、**音楽**は好きにゃ?

もちろんにゃ! にゃんこ界のモーツァルトと呼ばれたこともある気がするくらいにゃ!

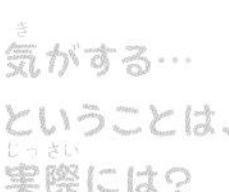

気がする…
ということは、
実際には?
呼ばれて
ないにゃ!

まさにその天才作曲家、**モーツァルト**が生まれたのが現在のオーストリアにゃ。

天才作曲家の国…なんだか音楽が聞こえるような気がしてきたにゃ。

気のせいじゃないかもにゃ。首都の**ウィーン**は「**音楽の都**」っていわれるくらいクラシック音楽で有名にゃ!

ウィーン・フィルハーモニー管弦楽団は世界最高峰のオーケストラといわれているし、

ウィ、ウィーンって
音なら出せるにゃ。
機械の音で

新しいにゃ。

「天使の歌声」といわれる**ウィーン少年合唱団**も、500年以上の歴史を持つ世界的に人気の合唱団にゃ!

呼べないにゃ。

第二次世界大戦後に**永世中立国**になった国で、ウィーンは**国際機関の本部**も置かれている都市にゃ。

音楽と平和を愛するとは…
ロックな国にゃ!

音楽のジャンルは、

知ってたら
大人の仲間入りにゃ!

ハプスブルク家

13世紀から20世紀初めまで皇族としてオーストリアを支配した一族にゃ。親族をほかの国々の王族と結婚させることで権力を持ち、ハンガリー、スペイン、イタリア、ドイツなどにまで勢力を広げたにゃ。

クイズ!

現在のオーストリア・ザルツブルクで生まれた天才作曲家といえば?

□□□□□□

答え モーツァルト

チェコマップ

ブルタバ川

「モルダウ」という有名な曲の題材になった、美しい川。

プラハ城

世界遺産

完成まで約600年かかった街のような巨大な城!

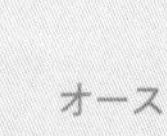

人形劇

木でできた操り人形を使った人形劇が伝統!

麦・ホップ

ビールの原料になる麦とホップの栽培がさかん。**ひとり当たりのビール消費量世界一**!(2021年)

ボヘミアンガラス

伝統工芸のガラス加工技術。宝石のように美しい模様が特徴!

CZECH REPUBLIC

基本データ

- 正式国名 チェコ共和国
- 首都 プラハ
- 面積 7万9千km²
- 人口 1,051万1千人
- 主な言語 チェコ語
- 通貨 チェコ・コルナ

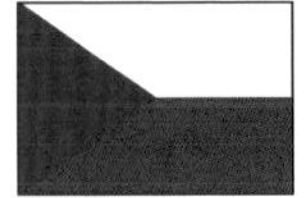

チェコは、1993年にできた国にゃ。**まだ30年くらいしか経っていない若い国**にゃ。

30年くらい前に、いきなり生まれたにゃ？ **もしかして桃から？**

桃から生まれるのはももたろうだけにゃ！

ごもっともにゃ。

今のチェコになる前は、おとなりのスロバキアという国といっしょに「**チェコスロバキア**」という連邦国家を作っていたにゃ。

ふたつでひとつの国だったにゃ。

それが分かれて、別々の国になったのが1993年にゃ。

じゃあ、30年しか歴史がないってわけじゃないにゃ？

もちろんにゃ！ 7世紀ごろには最初の王国ができたといわれているし、首都プラハにある**プラハ城**なんて、完成まで約600年かかったにゃ！

赤い屋根の建物がいっぱいにゃ！ ファンタジーの世界みたいな街にゃ！

剣と魔法とドラゴンが似合う街にゃ！

中世ヨーロッパの美しい街並みが残っているから、プラハには「**中世の宝石箱**」って呼び名もあるにゃ！

歴史ある新しい国…。まさに中世の宝石箱にゃ～！

食リポ感のある言い方にゃ…！

知ってたら

大人の仲間入りにゃ！

ビール消費量世界一

原料になるホップや麦の栽培がさかんで、ひとり当たり年間のビールを飲む量が世界でいちばん多いにゃ。

クイズ！

1992年まで、チェコといっしょに連邦国家を作っていた国は？

①スロバキア　②オーストリア

答え ①スロバキア

ギリシャマップ

サントリーニ島

エーゲ海に浮かぶ島!
夕日の美しさで有名!

パルテノン神殿

世界遺産

古代ギリシャの遺跡!

ソクラテス

古代ギリシャの哲学者。ほかにも**アリストテレス**、**プラトン**など、のちの世に影響を与えた思想家がたくさん生まれた!

バルカン半島

エーゲ海

アテネ

オリンピア遺跡

世界遺産

オリンピア

古代オリンピックが行われていた遺跡!

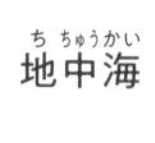

地中海

クレタ島

オリーブ・ブドウ

オリーブやブドウの栽培がさかんで、オリーブオイルやワインもたくさん作られている!

GREECE

基本データ

正式国名 ギリシャ共和国
首都 アテネ
面積 13万2千km²
人口 1,044万5千人
主な言語 現代ギリシャ語
通貨 ユーロ

青い海…！　太陽いっぱい…！ここは天国にゃ!?

バルカン半島南部と、**エーゲ海の島々**でできた国、ギリシャにゃ！

オタネコ、ここでちょっとのんびりしていくにゃ！バカンスしたいにゃ…！

あこがれのバカンス…！　…………！　………！

ネコ？　どうしたにゃ？

…バカンス初心者すぎて、何をすればいいかわからないにゃ…！

何もしないをする…。それがバカンス上級者にゃ。

ふびんにゃ…でも大丈夫、ギリシャの見どころはバカンスだけじゃないにゃ。**古代ギリシャ文明**発祥の地だから遺跡があって**観光業**がさかんにゃ！

パルテノン神殿が有名だけど、古代オリンピックの舞台になった**古代オリンピア遺跡**もはずせないにゃ！

オリンピックって、4年に1度のあのオリンピックにゃ？

そのオリンピックにゃ。古代ギリシャで**約2800年前**に始まったのが起源にゃ！

ホッピングでいつか金メダルにゃ！
ホッピングはオリンピック競技にはまだないと思うにゃ。

観光もいいけど…やっぱり…バカンス、マスターしたいにゃ……！

バカンスはじめて数十年の最上級者にゃ。
それはもはや遭難にゃ・・・？

知ってたら

大人の仲間入りにゃ！

海運業

海に囲まれ、ヨーロッパとアジアをつなぐ重要な航路の途中にあるギリシャは、歴史的に船でものを運ぶ海運業がさかんにゃ。観光業と並ぶ、ギリシャの重要な産業にゃ。

クイズ！

オリンピックの起源となった古代の祭典が開催されていた遺跡は？

□□□□□遺跡

答え オリンピア（遺跡）

ポーランドマップ

ワルシャワ歴史地区　世界遺産

美しい石畳の街並み。700年以上前の建物を再現している。

ビャウォヴィエジャの森　世界遺産

ヨーロッパ最大の原生林。ヨーロッパバイソンが生息している!

アウシュヴィッツ強制収容所　世界遺産

第二次世界大戦中、ナチス・ドイツによってたくさんのユダヤ人が犠牲になった場所にゃ。二度とくり返してはいけない**「負の遺産」**として世界遺産に登録されているにゃ。

ピエロギ

ひき肉やジャガイモなどを入れたギョーザのような料理が国民食!

ヴィエリチカ岩塩坑　世界遺産

長さ300 km 以上の岩塩を掘るためのトンネル。トンネルのなかに、礼拝堂まである!

POLAND

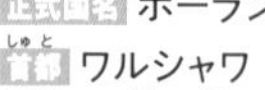

基本データ

正式国名 ポーランド共和国

首都 ワルシャワ

面積 31万3千km^2

人口 3,830万8千人

主な言語 ポーランド語　**通貨** ズロチ

ヨーロッパの**真ん中**にある国、ポーランドにゃ。なんと、**7つの国と接してる**にゃ。

ほんとにゃ！　**ロシア、リトアニア、ベラルーシ、ウクライナ、スロバキア、チェコ、ドイツ**……！　全部言えたにゃ！

まさか全問正解とは、あなどれないにゃ！

たくさんの国と接してると苦労もあるにゃ。東側はロシア（当時はソ連）、西側はドイツにはさまれていたから、**第二次世界大戦での被害**がとても大きく、つらい歴史を持つ国でもあるにゃ。戦争の「負の遺産」といわれる**アウシュヴィッツ強制収容所**も、ポーランドにあるにゃ。

そんなつらい過去を乗り越えて、今のポーランドがある、ってことにゃ？

その通りにゃ。

じゃあ今のポーランドの明るいお話も知りたいにゃ！

もちろんにゃ！　たとえば**ワルシャワ歴史地区**。戦争で失われた建物を再現している、美しい街にゃ！

石畳、すごくきれいにゃ！

あとは**ビャウォヴィエジャの森**も有名にゃ。

ビャウォヴィエジャの森は、ヨーロッパ最大の、自然のままの森にゃ。

知ってたら

大人の仲間入りにゃ！

キュリー夫人

ポーランド出身の物理学者であり化学者にゃ。放射線の研究をして、ノーベル賞も受賞した人にゃ。

クイズ！

ポーランドはヨーロッパのどこに位置する国？

①西　②中央　③東

答え　②中央

ウクライナマップ

チョルノービリ原子力発電所

1986年に大規模な爆発事故が起きた原子力発電所。「チェルノブイリ」とも呼ばれる。

小麦・とうもろこし・ヒマワリ

たくさんの穀物を作っている!

ベラルーシ
ポーランド
キーウ
ドニプロ川
ハルキウ
スロバキア
ロシア
ハンガリー
モルドバ
ルーマニア
オデーサ
黒海

ウクライナ国立バレエ団

世界的名門のバレエ団。

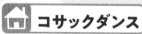

コサックダンス

しゃがんだ状態で足を蹴り上げておどる、ウクライナの伝統舞踊!

UKRAINE

基本データ

- **正式国名** ウクライナ
- **首都** キーウ
- **面積** 60万4千km^2
- **人口** 4,353万1千人
- **主な言語** ウクライナ語、ロシア語
- **通貨** フリヴニャ

オタネコ！もしや吾輩たち、小さくなってるにゃ!? お花がでっかく見えるにゃ！

安心するにゃ。でっかく見えるのは、でっかいお花だからにゃ。ここはウクライナの**ヒマワリ畑**にゃ。

ぜ～んぶヒマワリにゃ!? ウクライナも、オランダみたいにお花をたくさん売ってる国にゃ？

これは食べる用にゃ！ ヒマワリの種からとれる油をたくさん生産してるにゃ。

食べられる前に逃がしてあげるにゃ…！

いつかその花、恩返しに来たりしてにゃ。

ウクライナは農業にぴったりの土地が多くて、ほかにも、**小麦やとうもろこし**をたくさん栽培しているにゃ。

「ヨーロッパの穀倉地帯」とか「ヨーロッパのパンかご」って呼ばれてるにゃ！

パンって聞いてたらおなかがすいてきたにゃ。

じゃあ、ウクライナの伝統料理**ボルシチ**はどうにゃ？

あれ？

？ つい最近どこかで同じ物を食べた気がするにゃ？

ロシアでにゃ。歴史的におとなりのロシアと関わりが深くて、文化も混ざっているにゃ。ボルシチもだし…

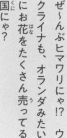

コサックダンスもロシアの踊りの印象があるけれど、元はウクライナの伝統舞踊にゃ。

めちゃくちゃ難しい踊りにゃ…！

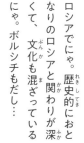

知ってたら
大人の仲間入りにゃ！

ロシアの侵攻

2022年、ロシアがウクライナを攻撃して、戦争が始まったにゃ。農産物が豊富で、冬でも凍らない港のある、黒海に面するウクライナは、ロシアにとってとても魅力的な土地にゃ。両国の戦いは、2023年6月現在、まだ先行きがわからないままにゃ。

クイズ！

ウクライナで生産量が多いものは？

①オリーブ　②バナナ　③小麦

答え ③小麦

ノルウェーマップ

オーロラ

南極や北極に近い地域で見られる大気の発光現象!

フィヨルド

氷河に削られたギザギザした入り江が続く地形。魚の養殖に適している!

サーモン

養殖がさかんで、輸出もたくさんしている!

白夜

夏に、夜でも太陽が沈まない現象が起きる!

スカンディナビア半島

フィンランド

オスロ

スウェーデン

北海

エストニア

ラトビア

デンマーク

NORWAY

基本データ

正式国名 ノルウェー王国

首都 オスロ

面積 32万4千km^2

人口 540万3千人

主な言語 ノルウェー語

通貨 ノルウェー・クローネ

オタネコ、あの時計壊れてるにゃ。まだ外は明るいのに夜8時を指してるにゃ！

壊れてないにゃ。ノルウェーは夏に、**夜でも一日中太陽が沈まない白夜**が起きるにゃ。

ちなみに、一日中太陽がのぼらない「**極夜**」も起きることがあるにゃ。

太陽が沈まない夜!? なんでそんな事が起きるにゃ!?

地球の地軸が、公転面に対して約23.4°傾いているのは知ってるにゃ？ 自転しながら公転していると、南極や北極のように高緯度の場所は太陽が当たり続けたり逆に全く当たらなかったりする時期が出てくるにゃ！

うんうん、オタネコ。とりあえずノルウェーではそういうことが起きるってことだけはわかったにゃ！

ひとまず、それだけでも伝わってよかったにゃ。

ざっくり言うと宇宙の神秘にゃ！

ざっくりとわかったにゃ！

はっ！ 明るいけど夜ということは、晩ごはんを食べなくちゃにゃ！

それなら**サーモン**がオススメにゃ！ ノルウェーは世界有数の**漁業国**で、サーモンをはじめ**タラ**、**サバ**、**カニ**、**シシャモ**など多くの海産物を輸出してるにゃ！

ノルウェーには腕のいい漁師さんがいっぱいいるにゃ？

それもあるけど…**フィヨルド**っていうギザギザな地形のおかげで、魚が育ちやすいにゃ！

クイズ！

ノルウェーは世界有数の□□国。□□にあてはまるのはどれ？

①農業 ②工業 ③漁業

知ってたら大人の仲間入りにゃ！

高い物価

ノルウェーは標準の消費税が25％と高く、物の値段が高いにゃ。でもその分、医療費や子供の学費が無料になるなど、暮らしている人の満足度はすごく高いといわれているにゃ。

日本のお寿司も支えているにゃ！

ありがたいかぎりにゃ！

ほんとににゃ！

答え ③漁業

スウェーデンマップ

ストックホルム

世界一美しい都市と呼ばれることもある!

アルフレッド・ノーベル

ダイナマイトを発明した化学者。ノーベル賞の生みの親!

フィーカ

スウェーデンのくつろぐ習慣。甘いものを食べながらコーヒーを飲んで休憩するフィーカは癒しの時間!

モミ・白樺

国土の**約5割が森林**で、林業がさかん!

シュールストレミング

世界一臭いといわれる缶詰。ニシンの塩漬けを発酵させたもので、パンにのせて食べる。

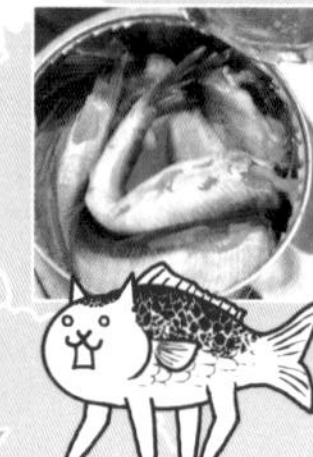

SWEDEN

基本データ

- **正式国名** スウェーデン王国
- **首都** ストックホルム
- **面積** 43万9千km^2
- **人口** 1,046万7千人
- **主な言語** スウェーデン語
- **通貨** スウェーデン・クローナ

なんだかすごく気持ちのいい森にゃ…。ここはどこにゃ？

スウェーデンにゃ！ **国土の約5割が森林**で、**林業**がさかんにゃ！

妖精さんが出てきそうな森にゃ…！

羽つながりで
友達にゃ。
呼んでくるにゃ？

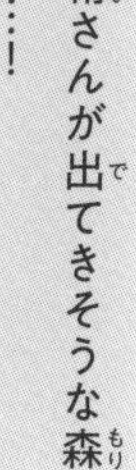

妖精さんと！？
羽つながりで！？

気持ちよく過ごせるのは、森の中だけじゃないにゃ。

水の中も
快適にゃ？

確かに湖も
多いけど、
そういうことじゃ
なくて、にゃ。

社会福祉が充実していて、**お年寄りから子どもまで安心して暮らせる制度が整ってる**にゃ！

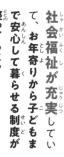

ああ、社会福祉にゃ！ ふっくらして、おいしいやつにゃ？

食べ物では、ないにゃ。

一か八か言ってみたにゃ。

その勇気は認めるにゃ。社会福祉は、国が国民の暮らしのために維持するサービスのことにゃ。

スウェーデンでは**大学まで学費が無料**だったり、コミューンっていう地域の組織がお年寄りの**介護をサポート**してくれたりするにゃ！

男女平等も
進んでる
にゃ。
社会福祉、
あっぱれ
にゃ…！
ただし、その分
国民が払う
税金も高いにゃ。

知ってたら大人の仲間入りにゃ！

ノーベル賞

スウェーデンの化学者ノーベルは、遺言でノーベル賞を作ったにゃ。「過去1年間に人類に対して最大の貢献をした者」に与えられる賞で、授賞式は毎年ストックホルムで開かれているにゃ。

クイズ！

スウェーデンの国土の約5割を占めるものは？

①森林 ②湖 ③山岳地帯

答え ①森林

フィンランドマップ

サウナ

サウナ発祥の地。国会議事堂にもサウナがある!

湖

約19万個もの湖がある!

サンタの村

サンタクロースの村、ロヴァニエミがある!

ヘルシンキ大聖堂

真っ白な壁が美しいキリスト教の大聖堂。

ノルウェー

ロシア

ボスニア湾

スウェーデン

ヘルシンキ

エストニア

ラトビア

ベラルーシ

トナカイ

トナカイの牧畜をしている。そりを引いたりお肉を食べたり、暮らしにとっても大切な動物!

FINLAND

基本データ

正式国名 フィンランド共和国
首都 ヘルシンキ
面積 33万7千km^2
人口 553万6千人
主な言語 フィンランド語、スウェーデン語
通貨 ユーロ

あれ？ なんかスウェーデンと似てる景色にゃ。

フィンランドはスウェーデンのおとなりの国だから、気候もけっこう似ているにゃ。**森林**が多く、それを活かして**林業**や**製紙業**がさかんにゃ！

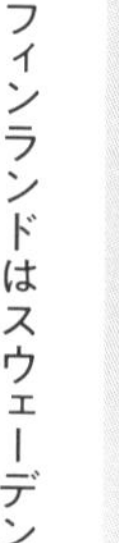

スウェーデンのときに聞いた気がする説明にゃ！

低地で、**湖**が多いにゃ。

それもさっき聞いたような…。まさか、ぜんぶ一緒にゃ…？

まるまる同じ説明をくり返すなら手伝うにゃ？

まあまあ、焦らないでほしいにゃ。

あの湖のそばにある小屋は何にゃ？

あれは**サウナ**にゃ。フィンランドが発祥で、各家庭にもあるくらい一般的にゃ。

水風呂代わりに湖に入るのがフィンランド流にゃ！

それはまぎれもなくフィンランドならではにゃ！

IT産業が1990年代から急激に発展したのもフィンランドならではにゃ。小学校でも**プログラミングの授業**を日本より一足早く取り入れているそうにゃ！

さらに！ 国連調べの世界**幸福度ランキング6年連続1位**の国でもあるにゃ！

(2023年)

森と湖で自然豊かな国にゃ！

そしてITとハッピーがある唯一無二の国にゃ！

知ってたら
大人の仲間入りにゃ！

サンタの村

北部にあるロヴァニエミはサンタクロースの暮らす村にゃ！世界中の子どもたちから手紙が届くにゃ。

クイズ！

フィンランドが発祥の、体を温める入浴方法とは？

①半身浴
②サウナ浴
③岩盤浴

答え ②サウナ浴

まとめクイズ! { MATOME QUIZ }

まとめQ1

ヨーロッパの国々を旅したネコバケーションが
おみやげを買ってきてくれたにゃ!
84〜131ページに登場した国のうち、どの国のおみやげか、わかるかにゃ?

1

ウィーン少年合唱団の
歌声…をまねて
歌った動画にゃ。

2

クリケットやサッカーの
ルールブックにゃ。
発祥の地だけあって、
すごくわかりやすいにゃ。

3

バッハも愛したかも
しれないソーセージ…の
キーホルダーにゃ!

4

闘牛にぴったりの
赤いマント…にもなる
テーブルクロスにゃ!

5

ルーブル美術館に
飾ってある
「モナ・リザ」の絵…を
見ながら描いた絵にゃ!

6

サウナに入るとき
に使うと便利な
サウナ帽にゃ!

全問正解したら完全勝利にゃ! 全部まちがえたら…
何度でも82ページから出直してくればいいにゃ!

まとめQ2

地図に示された場所の名前、わかるかにゃ?

※地図は一部簡略化しています。

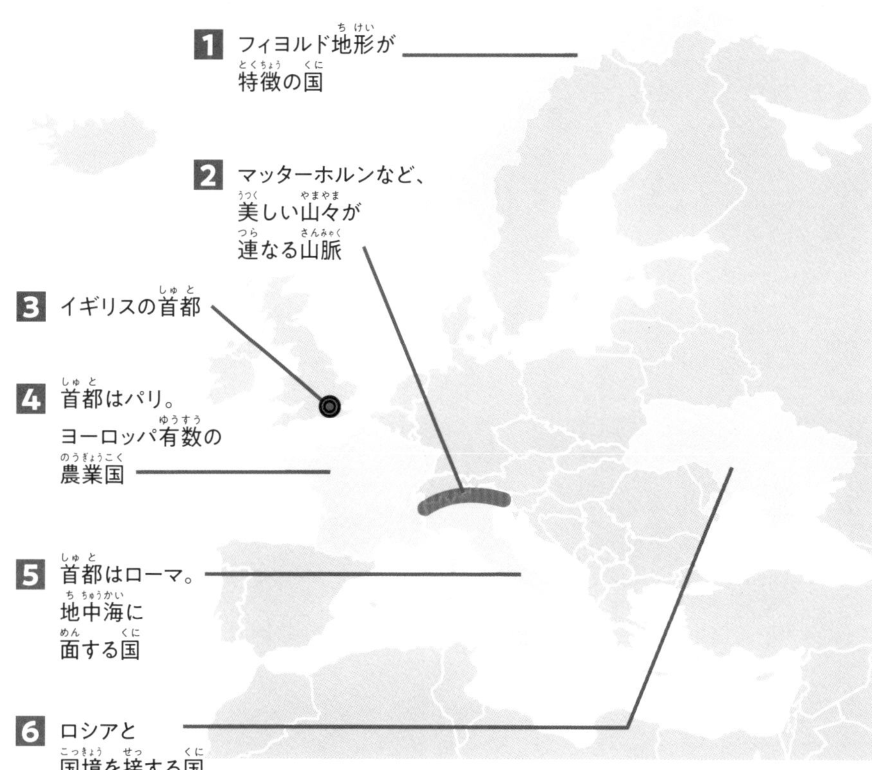
1 フィヨルド地形が特徴の国
2 マッターホルンなど、美しい山々が連なる山脈
3 イギリスの首都
4 首都はパリ。ヨーロッパ有数の農業国
5 首都はローマ。地中海に面する国
6 ロシアと国境を接する国

答え **Q1** ①オーストリア　②イギリス　③ドイツ　④スペイン　⑤フランス　⑥フィンランド

Q2 ①ノルウェー　②アルプス山脈　③ロンドン　④フランス　⑤イタリア　⑥ウクライナ

次はオタネコの極秘レポートにゃ!

読めば世界がもっと見えてくるにゃ！

今回のテーマ

ヨーロッパがひとつの国に!?「EU」のヒミツ、大解明！

ヨーロッパにはたくさんの国があるけれど、
実はみんなで「EU」っていうチームを組んでいるらしいにゃ。
ヨーロッパを結ぶ「EU」のこと、調べてきたにゃ！

情報 その1 人・もの・お金の移動が自由でまるでひとつの国！

「EU」は欧州連合（European Union）の略にゃ。ヨーロッパの国々でつくったチームみたいなものにゃ！

加盟国は27か国！

2023年現在27か国もの国がEUに入っているにゃ。

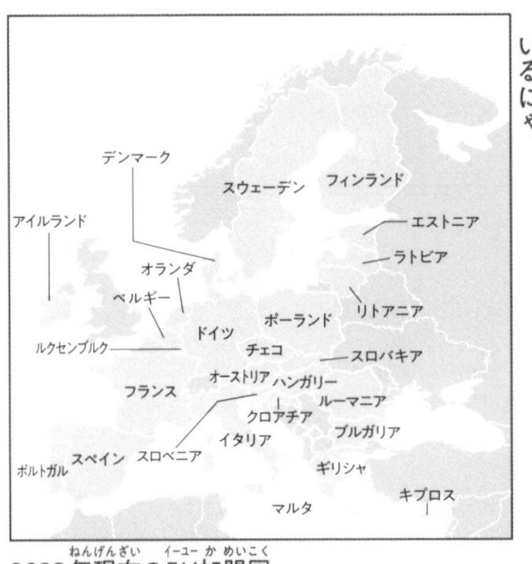

2023年現在のEU加盟国。

パスポートなしで旅行できちゃう！

加盟している国同士の間では、人・もの・お金の移動が自由にできるにゃ。つまり、ほかの国に行くときにパスポートなしで国境を越えられちゃうにゃ。

EUのお金「ユーロ」は20か国で使われている！

同じ通貨を使えば、その国で使うお金にいちいち替えなくて済むから便利にゃ！

二度とヨーロッパで戦争を起こさないために作られた！

ヨーロッパは、その昔もっと国力の強い国がたくさんあったにゃ。でも…

2度の大きな戦争を経験。

2度の世界に広がる戦争の戦場になったことで、経済や産業が衰えてしまったにゃ。

EUの旗。まるでひとつの国の国旗のよう。

争わず、協力しあうためにできた！

戦争が起こった原因でもある、国同士の資源をめぐる争いや経済の対立が再び起きないように、協力しようという考えからEUが生まれたにゃ。

ほかの大国と対等になれる！

ヨーロッパには小さな国が多いけど、EUとしてチームになれば、アメリカやロシアのような大きな国とも渡り合える力が持てるにゃ。

情報 その3

実は、うまくいっていないこともある…

人・もの・お金の移動を自由にしたら、困ったことも起きてきたみたいにゃ。

豊かな国に人が集まりすぎることも。

同じEUの中でも、豊かさには差があるにゃ。貧しい国から豊かな国へ、仕事を求めてたくさんの移民が集まってきたにゃ。すると、元から住んでいた人の仕事が移民に奪われて困る、ということも起こっているにゃ。

イギリスはEUから離れていった！

EUの中心国だったイギリスも、負担が大きいことを嫌って2020年に離脱してしまったにゃ。

ポイント

人・もの・お金を自由に移動できて経済協力ができる！
うまくいっていない面もあり、イギリスは離脱してしまった。

次は北アメリカにゃ！

北アメリカ

広大な大地に様々な人種が集まる！ カリブ海の小さな国々も！

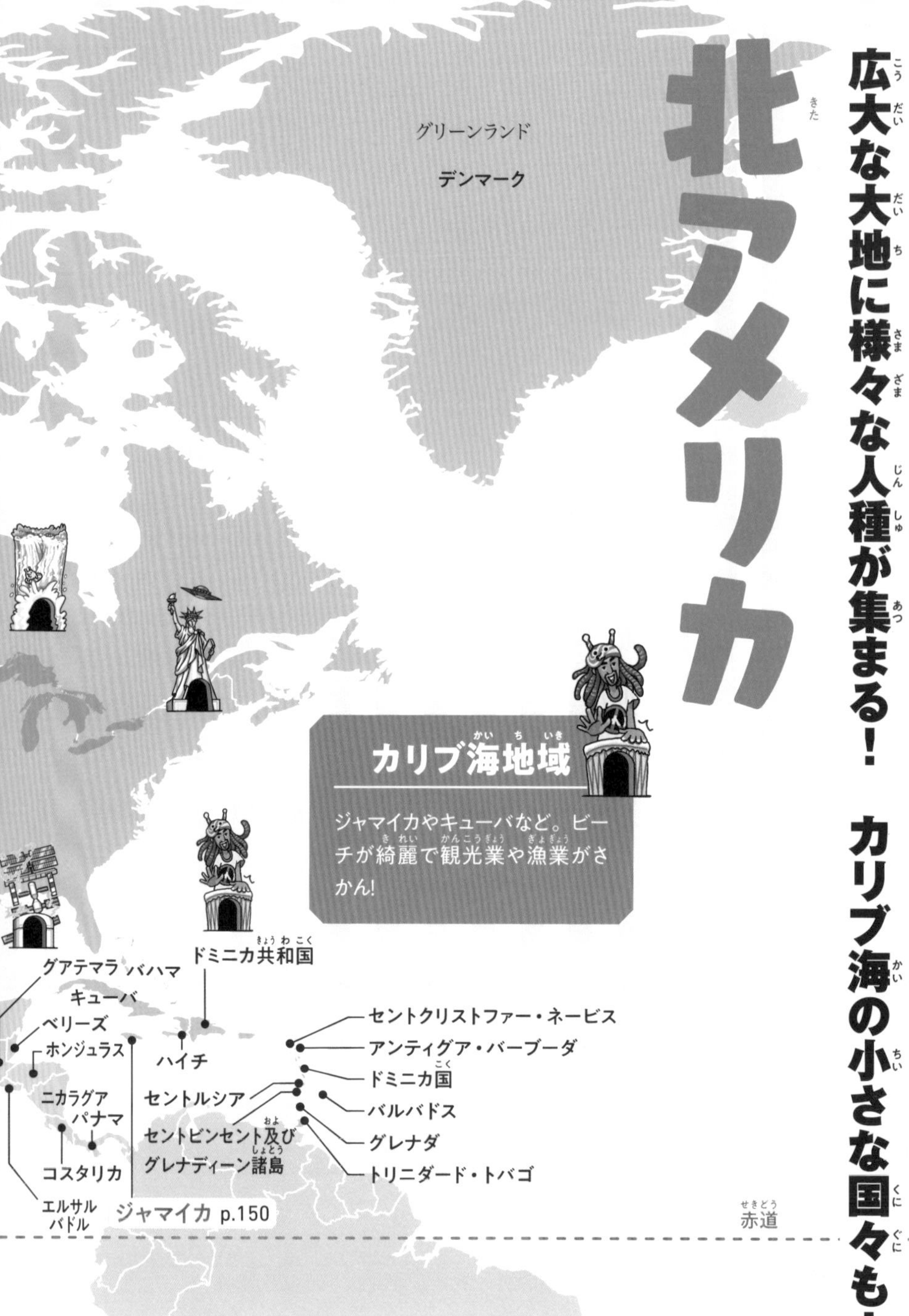

北アメリカ

カナダとアメリカがあるエリア。たくさんの民族が集まり、歴史的にも移民が多い。資源が豊富で、工業なども発展している!

アラスカ

アメリカ

カナダ p.142

カナダにアメリカ、大きいにゃ〜! 広いにゃ〜!

この北アメリカ大陸は、**17世紀ごろからヨーロッパからの移住者が増えた所**にゃ。資源が豊かで広大な土地に、今では**いろいろな民族の人が共に暮らし、発展しているエリア**にゃ!

あれ? でも南の方には小さい島がいっぱいあるにゃ?

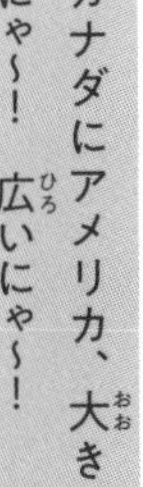

アメリカ p.138

メキシコ p.146

カリブ海に浮かぶ島国にゃ。赤道に近くて暑いリゾートのエリアにゃ。

広い大地と小さな島国リゾート、どっちも魅力的にゃ!

中央アメリカ

メキシコなどの国々で、スペインに支配されていた時代の影響が残る。

それぞれ詳しく見ていくにゃ!

アメリカマップ

シリコンバレー

カリフォルニア州のサンフランシスコにある、**IT産業の一大拠点。**有名IT企業の本社が集まる!

自由の女神像

世界遺産

独立100年を記念してフランスから贈られた像! **世界経済の中心地・ニューヨーク**にある!

カナダ

五大湖

ロッキー山脈

ミシシッピ川

ニューヨーク

ラスベガス

サンフランシスコ

ワシントンD.C.

ロサンゼルス

大西洋

ハリウッド

映画産業の中心地!

メキシコ

メキシコ湾

世界遺産

グランド・キャニオン国立公園

数億年かけてできあがった壮大な峡谷。総面積約4,931km²にもなる!

ケネディ宇宙センター

NASAの宇宙研究拠点!

THE U.S.

基本データ

正式国名 アメリカ合衆国

首都 ワシントンD.C.

面積 983万4千km²

人口 3億3,699万8千人

主な言語 英語　**通貨** 米ドル

ちなみにハワイもアメリカの州にゃ。

※アラスカは誌面の都合上、省略しております。

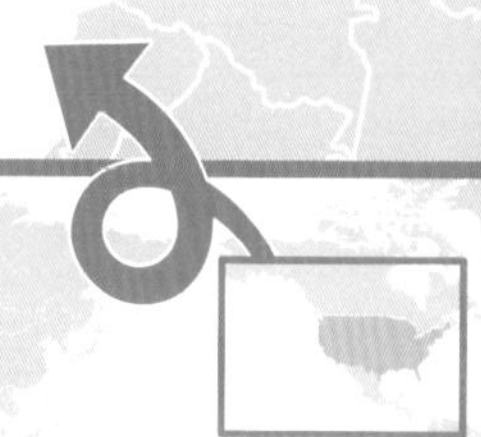

アメリカは50の州でできている国にゃ！

のぞむところにゃ！
どんどん解説頼むにゃ！

まずは、何をおいても圧倒的な**経済大国**ってことが大事にゃ！

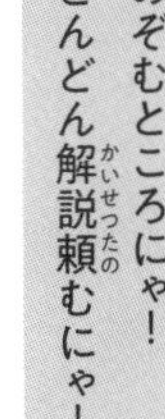

つまりお金があって、強い国にゃ！
わかりやすいにゃ。

人口と面積は世界第3位！広大な土地で**農業**がさかんで**トウモロコシ**の生産量は世界一にゃ！※

（※2020年）

ついでに**石油の産出量**も世界一にゃ！※

あれ？　石油の1位はサウジアラビアじゃないにゃ？石油王の国の…。

サウジアラビアは**輸出量**が1位、アメリカは**産出量**が1位にゃ！

…ここまで聞いただけで、なんだかすごく恵まれた国にゃ？

まだ終わらないにゃ！**IT産業**も強くて、世界的な大企業がアメリカに集中してるし…。

ハリウッド映画などの**エンタメ**や、色々な**スポーツ**でも、世界で影響力バツグンにゃ！

（※2021年）

野球のメジャーリーガー！

大物スターがいっぱいにゃ！

アメリカにはもともと、**ネイティブアメリカン**と呼ばれる先住民族がいたにゃ。そこに大航海時代に人がやってきて、その後もさまざまな移民を受け入れて、**たくさんの民族がともに暮らす国**にゃ。

「人種のサラダボウル」っていわれてるにゃ！

日本は、政治・経済・文化など、いろいろな点でアメリカの影響を強く受けているにゃ。

ハンバーガーもアメリカから伝わったにゃ！
影響力・大にゃ！

これ知ってたら、大人の仲間入りにゃ。

産業

宇宙開発

アメリカは航空宇宙産業も発達していて「NASA（アメリカ航空宇宙局）」は有名にゃ。1969年に、人類で初めての月への着陸を成功させた国でもあるにゃ！

歴史

リンカーン

第16代目の大統領にゃ。当時アメリカには奴隷制度があり、1861年には奴隷制度に反対の北部、賛成の南部に分かれて南北戦争が始まったにゃ。リンカーンは奴隷解放宣言を出して北部を勝利に導き、奴隷制の廃止に貢献したにゃ。アメリカでは「史上最高の大統領」と呼ばれる人物にゃ。

くらし・文化

ハリウッド

ロサンゼルスにあるハリウッドは、世界的な映画産業の中心地にゃ。アメリカにはほかにもラスベガスやニューヨークのブロードウェイなど、ショービジネスやエンターテイメントの聖地があって、世界中の人が集まっているにゃ。

ハリウッドの街

ご当地にゃんでもクイズ

GOTOUCHI NYANDEMO QUIZ

全問正解したら完全勝利にゃ！　全部まちがえたら…
何度でも3ページ前から出直してくればいいにゃ！

Q1 基本

アメリカの首都は？

□□□□□D.C.

Q2 まあまあ

アメリカの生産量が世界一の農産物は？

□□□□□□

Q3 まあまあ

アメリカの説明として、正しいものはどれ？

①ひとつの民族でできた国で、資源が豊富で豊か。
②移民を中心にできあがった国で、資源があまりなく貧しい。
③移民を中心にできあがった国で、資源が豊富で豊か。

Q4 激ムズ

アメリカの南北戦争で活躍し、奴隷解放宣言をした大統領といえば？

□□□□□

答え **Q1** ワシントン（D.C.）　**Q2** トウモロコシ　**Q3** ③　**Q4** リンカーン

カナダマップ

ロッキー山脈

3,000 m を超える山々と、たくさんの湖が美しい山脈!

イヌイット

カナダ北部に暮らす先住民族。イヌイットが自分たちで暮らしを治めることを認められた地域**「ヌナブト準州」**もある!

デボン島

ヌナブト準州

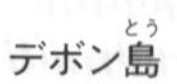

ハドソン湾

ケベック州

ロッキー山脈

バンクーバー

オタワ

アメリカ合衆国

ナイアガラの滝

アメリカのニューヨーク州にもまたがる滝。カナダ側は、幅約670 m、落差約50 m の巨大な滝!

メープルシロップ

サトウカエデの木の樹液からできる甘いシロップが名産! **ケベック州**が主な生産地!

小麦

小麦の輸出量、世界トップクラス!
日本もカナダの小麦をたくさん輸入している!

CANADA

基本データ

正式国名 カナダ
首都 オタワ
面積 998万5千km^2
人口 3,815万5千人
主な言語 英語、フランス語
通貨 カナダ・ドル

カナダといえば**サトウカエデ**にゃ！

佐藤楓さん？　知らない人にゃ。

言われてみればすごく人の名前っぽいけど、ちがうにゃ。カエデの木の仲間で、樹液を集めて**メープルシロップ**を作れるにゃ！

もう一度言うけど、サトウカエデは木の名前にゃ。そして、佐藤じゃなくて**砂糖**にゃ。

樹液なんて、そんなにたくさん集められるにゃ？

カナダは**世界で2番目に面積が広い**国だし、そのうちの**約3分の1が森林**にゃ。「タイガ」と呼ばれる針葉樹林帯が多いけれど、もちろんサトウカエデの森もいっぱいあるにゃ！

だからカナダは**林業**がさかんにゃ！

…そんなにいっぱいだと佐藤さん大変にゃ…。

ネコ、サトウカエデは木の名前にゃ…。

わかってるにゃ。ちょっと想像してみてるだけにゃ！

寒さが厳しい冷帯気候が多いけど、**地下資源**もたくさんあるし、**漁業**もさかんにゃ。

佐藤さんは寒さに負けず、釣りに出かけて行き…。

北部の先住民**イヌイット**をはじめ、フランス系やイギリス系など**200以上の民族**が暮らしているといわれる多民族国家にゃ！

ひょんなことから200以上の民族と友達になった佐藤さん…！

佐藤さんのその後が気になりすぎるにゃ。

これ知ってたら、大人の仲間入りにゃ。

イヌイット

カナダ北部に暮らす先住民族にゃ。地球上で最も寒さが厳しい地域に暮らしてきた民族と言われているにゃ。カナダにはヌナブト準州というイヌイットが自分たちで治める地域があるにゃ。

自然

デボン島

世界で最も大きな無人島にゃ！夏でも厳しい寒さと険しい地形から、「地球上で最も火星に近い環境」と言われているにゃ。

自然

オーロラ

夜空がカーテンのように光って見える自然現象にゃ。主に北極や南極の近くで見ることができて、カナダのイエローナイフは名所として観光客に大人気にゃ。ただ、カナダの先住民はオーロラを悪いことの前触れと考えて恐れているらしいにゃ。

ご当地にゃんでもクイズ

GOTOUCHI NYANDEMO QUIZ

全問正解したら完全勝利にゃ！　全部まちがえたら…
何度でも3ページ前から出直してくればいいにゃ！

Q1　基本

カナダの首都は？

□□□

Q2　まあまあ

カナダの国土の面積の広さは、世界何位？

□位

Q3　まあまあ

サトウカエデの樹液からつくられる、カナダの名産品といえば？

□□□□シロップ

Q4　激ムズ

カナダの説明として、正しいのはどれ？

①寒い気候で面積が広く、先住民族だけが暮らしている。
②寒い気候で面積が広く、先住民族だけでなくほかの地域から移り住んだたくさんの民族が暮らしている。
③暖かい気候で面積が広く、世界中から集まったたくさんの民族が暮らしている。

答え **Q1** オタワ　**Q2** 2（位）　**Q3** メープル（シロップ）　**Q4**②

メキシコマップ

テオティワカン 世界遺産

アメリカ大陸最大規模の古代都市遺跡。紀元前2世紀ごろからつくられたらしい!

チチェン・イッツァ 世界遺産

マヤ文明の10～12世紀頃に栄えた都市遺跡!

メキシコシティ 世界遺産

アステカ文明の遺跡や、スペイン統治時代の建物が残り、一帯が世界遺産になっている!

アメリカ合衆国

カリフォルニア湾

カリフォルニア半島

メキシコ湾

ユカタン半島

メキシコシティ

ベリーズ

グアテマラ

タコス

トルティーヤという、とうもろこしでできた皮に肉や野菜などをはさんで食べる!

鉱山資源

銀・銅など、鉱山資源が豊富!

アボカド・レモン・ライム

アボカドの生産量は世界一!(2021年)
どれもメキシコ料理にたくさん使われている!

MEXICO

基本データ

正式国名 メキシコ合衆国
首都 メキシコシティ
面積 196万4千km^2
人口 1億2,670万5千人
主な言語 スペイン語　**通貨** ペソ

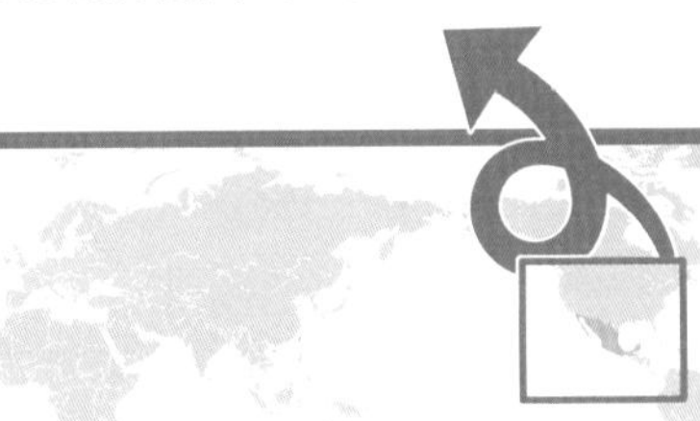

いたたっ！　攻撃されてる！　オタネコ、バトルにゃ！

落ち着くにゃ。ネコが戦おうとしてるのは**サボテン**にゃ。攻撃してこないにゃ。

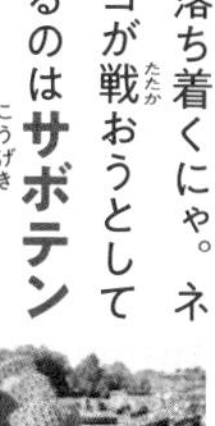

ええっ!?　こんなに攻撃的な見た目なのに!?

見た目で判断しちゃダメにゃ。メキシコは北部から西部が乾燥しててほぼ**乾燥地帯**だから、乾燥に強いサボテンが育って、いろいろ利用もされているにゃ！

武器とかに、にゃ？

だから、見た目で判断しないでほしいにゃ…。

ウチワサボテンはいろんなメキシコ料理に使われるにゃ！

このちくちくをおいしくするなんて…すごい知恵にゃ！

メキシコは古代からたくさんの文明が生まれた場所にゃ。**テオティワカン文明**に、**マヤ文明、アステカ文明**もメキシコで生まれたにゃ！　いずれも**高度な建築技術や天文学の知識**を駆使したすごい文明だったにゃ！

文明生まれまくりにゃ。

すごいにゃ！　で、生まれた文明はすくすく育ったにゃ？

アステカ文明のアステカ帝国は、大航海時代に**スペインに滅ぼされて**、植民地になってしまったにゃ。

人生は甘くないにゃ。

すくすく育つって大変にゃ…。

じゃあ、メキシコの文明は跡形もなく消えちゃったにゃ…？

そんなことないにゃ！　**先住民の文化と西洋の文化**が混ざって、独特のメキシコ文化が育ったにゃ！

いろんな文化がミックスされたにゃ！

これ知ってたら、大人の仲間入りにゃ。

チチェン・イッツァ

歴史　世界遺産

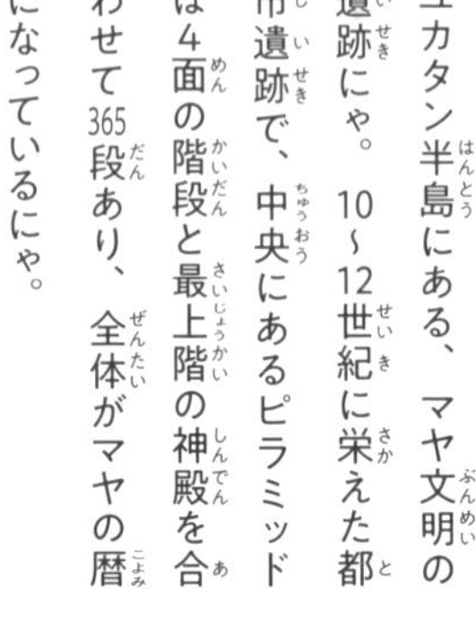

ユカタン半島にある、マヤ文明の遺跡にゃ。10～12世紀に栄えた都市遺跡で、中央にあるピラミッドは4面の階段と最上階の神殿を合わせて365段あり、全体がマヤの暦になっているにゃ。

テオティワカン

歴史　世界遺産

紀元前2世紀から栄えたテオティワカン文明の遺跡にゃ。高さ65mのピラミッドなどたくさんの建造物が残っているにゃ。高い技術を持ったテオティワカン文明は7世紀には滅んでしまったけれど、その原因ははっきりとはわかっていないにゃ。

マリアッチ

くらし・文化

伝統的なメキシコ音楽の楽団にゃ。特に、メキシコシティのガリバルディ広場ではマリアッチが集まり、ギターやバイオリン、ビオラなどでメキシコの伝統音楽を弾いてくれるにゃ。ユネスコの無形文化遺産にも登録されているにゃ！

ご当地にゃんでもクイズ

GOTOUCHI NYANDEMO QUIZ

全問正解したら完全勝利にゃ！　全部まちがえたら…
何度でも3ページ前から出直してくればいいにゃ！

Q1 基本

メキシコの首都は？

□□□□□□□

Q2 まあまあ

メキシコの名産品で、メキシコではよく食べられているとげとげの植物といえば？

□□□□

Q3 まあまあ

次のうち、メキシコで生まれた古代文明はどれ？

①アステカ文明　②メソポタミア文明　③インダス文明

Q4 激ムズ

メキシコに残る、1年の暦を表しているピラミッドがある、マヤ文明の遺跡といえば？

□□□□・□□□□

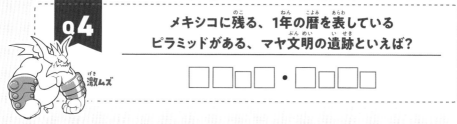

答え Q1 メキシコシティ　Q2 サボテン　Q3 ①アステカ文明　Q4 チチェン（・）イッツァ

ジャマイカマップ

キューバ

オーチョリオス

青くて美しい滝つぼ、ブルーホールが観光地として人気!

ブルーマウンテン

標高2,256 m の山で、**コーヒー豆**の栽培がさかん!

ボーキサイト

アルミニウムの原料になるボーキサイトの鉱脈があり、世界有数の産出量!

キングストン

レゲエ音楽

かつてアフリカから連れてこられた人々が生んだ、陽気なリズムが特徴の音楽!

ジャークチキン

スパイスをつけて焼く伝統の鶏肉料理!

JAMAICA

基本データ

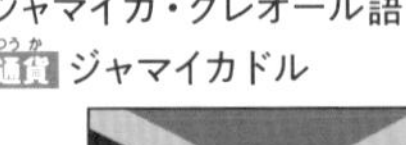

- **正式国名** ジャマイカ
- **首都** キングストン
- **面積** 1万1千km^2
- **人口** 282万8千人
- **主な言語** 英語、ジャマイカ・クレオール語
- **通貨** ジャマイカドル

お次はジャマイカにゃ！

おジャマなイカ？
お手本のようなおやじギャグにゃ。

ジャマイカは、カリブ海に浮かぶ**ジャマイカ島**と周りの小さな島々でできた国にゃ。

周りの小さな島々もいい仕事してるにゃ！

ビーチと太陽、最高にゃ！いい感じの音楽も聞こえてきたにゃ？

ジャマイカの代表的な音楽、**レゲエ音楽**にゃ。アフリカ系の人たちから生まれた音楽にゃ！

？ジャマイカって、アフリカに近いにゃ？

そんなに近くはないにゃ。17世紀に、アフリカから奴隷として連れてこられた人たちがたくさんいて、**文化もアフリカに似ている**にゃ。

奴隷って、むりやり働かせられたりするあれにゃ？

そうにゃ。1800年代に奴隷制度が廃止されるまで、40万人もの人々が奴隷として働いていたらしいにゃ。

許されない、つらい歴史にゃ…。でも、乗り越えたからこそ今のジャマイカがあるにゃ！

そうにゃ！よし、レゲエの神様とよばれた**ボブ・マーリー**の名曲を聴くにゃ！

※ここからはミニコーナーでお届けするにゃ。

知ってたら 大人の仲間入りにゃ！

陸上競技

ジャマイカは陸上競技、特に短距離走の強豪国にゃ。「人類最速のスプリンター」と呼ばれることもある、ウサイン・ボルト選手もジャマイカ出身にゃ。

クイズ！

ジャマイカの代表的な音楽は？

①マリアッチ ②レゲエ ③タンゴ

答え ②レゲエ

まとめクイズ！ { MATOME QUIZ }

まとめQ1

北アメリカの国にお届けものがあるにゃんこたちが集まったにゃ。
どれをどの国に届ければいいか、正しくつないでにゃ。

1
トゲトゲのサボテンを育てている友達に、手袋を送るにゃ！ 砂漠が多くて暑い国だから、手袋持ってないって言ってたにゃ！

2
いい感じの缶を見つけたから送るにゃ。レゲエのリズムでたたけば、いい太鼓になるはずにゃ！

3
ハリウッドで女優を目指している友達に化粧品をプレゼントしたいにゃ。セレブも喜ぶ高級品にゃ！

4
前にもらったメープルシロップのお礼に、黒蜜を送るにゃ。森だらけのところに住んでるから、届け先をまちがえないようににゃ！

- アメリカ
- カナダ
- メキシコ
- ジャマイカ

全問正解したら完全勝利にゃ！　全部まちがえたら…
何度でも136ページから出直してくれればいいにゃ！

まとめQ2

地図に示された場所の名前、わかるかにゃ？

※地図は一部簡略化しています。

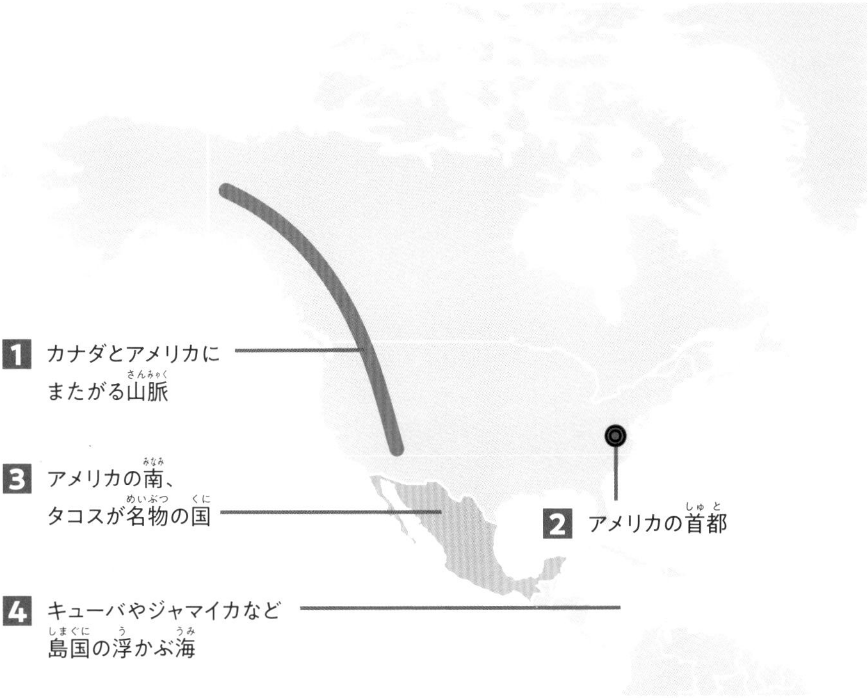

1 カナダとアメリカにまたがる山脈

3 アメリカの南、タコスが名物の国

2 アメリカの首都

4 キューバやジャマイカなど島国の浮かぶ海

答え Q1 ①メキシコ　②ジャマイカ　③アメリカ　④カナダ
Q2 ①ロッキー山脈　②ワシントンD.C.　③メキシコ　④カリブ海

次はオタネコの極秘レポートにゃ！

ネコカメラマンもついてきた!
オタネコの
極秘
レポート!
OTANEKO GOKUHI REPORT

読めば世界がもっと見えてくるにゃ!

今回のテーマ

経済のしくみがちがう?「資本主義」・「社会主義」って何にゃ?

世界の国のお金の考え方、経済のしくみには、どうやら大きく分けてふたつの種類があるらしいにゃ。国同士の関係にも関わる経済のしくみ、大調査にゃ!

情報 その1

資本主義

だれでも自由にお金もうけをしていい!

資本主義の「資本」とは、**商売のための土地やお金、設備など**のこと。これを個人が持つことができて、労働者を雇って自由にお金もうけできる経済のしくみが資本主義にゃ。

ー自由にお金を稼げる!

働いたり、ものを売ったりしてお金を稼ぐのは個人の自由で、好きなように工夫や努力をしてお金を稼いでいいにゃ。自由な競争が起きるから、経済が発展していくにゃ。

ー稼いだお金は自分のもの!

稼いだお金は貯めたり物を買ったりして、自分の財産として持つことができるにゃ。「そんなの当たり前じゃん」と思ったにゃ?

ーアメリカや西ヨーロッパ、日本は資本主義の国!

それは、日本が資本主義の国だからにゃ。世界の国々の多くは資本主義だから、世界の経済は資本主義が基本になっているにゃ。

ー貧富の差が広がってしまう危険も!

自由にお金を稼げる、ということは、たくさんお金を稼げる人とそうでない人の差が広がることもあるにゃ。

情報その2

社会主義

お金はみんなのものだから、平等に分ける!

土地や設備を国が管理するのが社会主義にゃ!

勝手に個人が資本を持つことはできない!

社会主義の国では、土地や設備はすべて国など**「公共のみんな」のもの**で、個人が自分のものとして持つことは基本的にできないにゃ。

お金をどう稼ぐかは、国が管理する!

だから会社や事業なども国が管理していて、国民は政府が立てた計画にしたがって働くにゃ。お金も平等に支払われるから、**大きな貧富の差が生まれない**にゃ。

経済の発展は遅れることが多い!

ただ、決められた仕事をして平等にお金をもらうと決まっていて自由な競争がないので、経済の発展は遅れることが多くなるにゃ。

現在社会主義なのは世界で5か国!

2023年現在、社会主義国と自称しているのは、**中国・北朝鮮・ベトナム・ラオス・キューバ**の5か国にゃ。

みんな同じで平等にゃ。

情報その3

それぞれの国、仲が悪かった歴史も!

資本主義代表アメリカと、社会主義代表のソ連が対立していた!

第二次世界大戦が終わったあと、アメリカに代表される資本主義国のチームと、ソ連に代表される社会主義国のチームがそれぞれ分かれて激しく対立していたにゃ。

1980年代にソ連が資本主義国との関係を見直したり、ソ連の政治体制を整えたりするなどして、アメリカとソ連の代表が終結を宣言して対立が終わったにゃ。このふたつの大国の対立は**「冷たい戦争」「冷戦」**と呼ばれて歴史に残っているにゃ!

ポイント

個人が商売のためのお金や土地、設備などの「資本」を持てるのが資本主義。国が管理するのが社会主義。

次は南アメリカにゃ!

南アメリカ

アマゾンの自然や古代遺跡の神秘！　スペイン文化との融合も！

赤道

ガラパゴス諸島

オタネコ、**ジャングルにゃ！** **野生の気配**を感じるにゃ！

すごい嗅覚にゃ。そう、ブラジルの**アマゾン川の周りは自然の宝庫**にゃ！

ふむふむ…むむ!? **コーヒーのような、複雑な大人の匂い**がするにゃ…。

ネコ、冴えてるにゃ。**コロンビアなどではコーヒーの生産がさかん**だからにゃ！

ふむふむ。…むむ!?

今度はなんにゃ？

オタネコ、なんだか**古代文明のミステリアスな気配**も感じるにゃ！

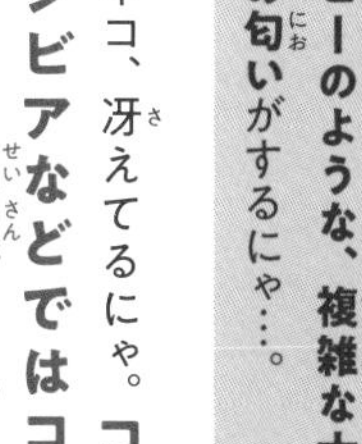

まさに！ 大陸の西側には**古代文明の遺跡**もたくさん残っていて、神秘的なエリアにゃ。

南アメリカは**16世紀以降にスペインやポルトガルから来た人に支配された歴史**もあるにゃ。

現在は、もとの南アメリカの文化とスペインなどの文化が**融合した文化**にも注目にゃ。

ふむふむ。…むむ!?

…そろそろ出発するにゃ。

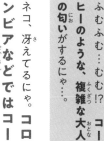

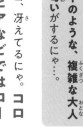

さっそく それぞれ詳しく見ていくにゃ！

ブラジルマップ

ギアナ高地

垂直に切り立った、テーブルのような山々が広がる!

シュラスコ

串に刺して炭火で焼いて食べるお肉が名物料理!

リオのカーニバル

毎年100万人以上が訪れるといわれる盛大なお祭り。

アマゾン川

ブラジル、ペルー、ボリビアなどを流れる、**流域面積世界一**の大河!

サトウキビ・コーヒー豆

生産量は世界トップクラス!

BRAZIL

基本データ

正式国名 ブラジル連邦共和国
首都 ブラジリア
面積 851万6千km^2
人口 2億1,432万6千人
主な言語 ポルトガル語
通貨 レアル

なんか、陽気な音楽が聞こえてきたにゃ？

サンバの音楽にゃ。ブラジルの代表的な伝統音楽にゃ！

このリズム…踊りたくなってきたにゃ…！

心のままに踊るといいにゃ！リオデジャネイロで毎年開かれるお祭り、**リオのカーニバル**ではたくさんの人が踊りまくるにゃ！

祭りと聞いたらじっとしていられないにゃ！

祭りの力は国境を超えるにゃ！

ブラジルの人は毎日踊りまくるのが仕事にゃ？

もしそうだったら、だいぶ楽しい国にゃ。でもちがうにゃ。お祭りは、毎年2月から3月初めに行われるにゃ。農業もさかんで、**コーヒー豆**や**サトウキビ**の生産は世界トップクラスにゃ！

コーヒーとお砂糖…相性ぴったりの農作物がそろってるにゃ！

それから**アマゾン川**は、**流域面積世界一**の大河にゃ。

アマゾン川は**交通手段**にもなっていて、人々の移動に船もよく使われているにゃ。それに、周りの熱帯雨林には**めずらしい生き物**がたくさんいるにゃ！

めずらしい生き物…夏休みの宿題を最終日にまとめてやる小学生、とか？

それはわりとよくいる生き物にゃ。青い羽のチョウ、モルフォチョウとか、カラフルな羽の鳥とかにゃ！

巨大なヘビ、アナコンダも。

ワニも。

それはこわいにゃー！

これ知ってたら、大人の仲間入りにゃ。

くらし・文化

サッカー大国

ブラジルではサッカーが国民的な人気スポーツにゃ。「サッカーの神」と呼ばれることもあるペレなど数多くの世界的な名選手を生んだ国で、ワールドカップでも何度も優勝した強豪国にゃ。

日系移民

1900年代の前半、日本国内の人口が急激に増えて困ったことなどを受けて、日本政府はブラジルなど海外に移り住んで働く「移民」を推し進めたにゃ。その数、18万人以上。その子孫たちが、今でも100万人以上ブラジルに暮らしていると言われるにゃ。

サンパウロにあるリベルダージ東洋人街

自然

ギアナ高地

ベネズエラなどにまたがる高地にゃ。ほぼ垂直に切り立った、テーブルのような山々がたくさんあるにゃ。エンジェルフォールという落差世界一の滝があったり、希少な生き物がたくさんいたりする自然の宝庫にゃ！

ご当地にゃんでもクイズ

GOTOUCHI NYANDEMO QUIZ

全問正解したら完全勝利にゃ！　全部まちがえたら…
何度でも3ページ前から出直してくればいいにゃ！

Q1

基本

ブラジルの首都は？

①リオデジャネイロ　②ブラジリア　③サンパウロ

Q2

ブラジルやペルー、ボリビアなどを流れる流域面積世界一の大河といえば？

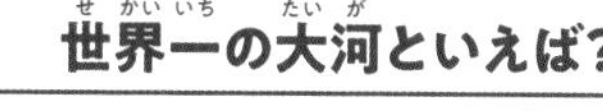

まあまあ

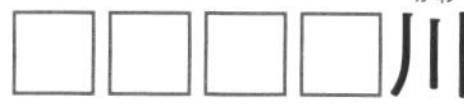

□□□□川

Q3

まあまあ

ブラジルで生産量が多い農作物の組み合わせで、正しいものはどれ？

①お茶とコーヒー豆
②お茶とサトウキビ
③コーヒー豆とサトウキビ

Q4

激ムズ

1900年代に日本政府が推し進めた政策で、日本からブラジルに移り住んだ人たちのことを何という？

日系□□

答え Q1②ブラジリア　Q2アマゾン(川)　Q3③　Q4(日系)移民

ペルーマップ

漁業

漁業がさかんで、世界有数の漁獲量を誇る!

ナスカの地上絵

世界遺産

数千年前に描かれた、ナゾに包まれた巨大な地上絵!

コロンビア

エクアドル

ブラジル

マチュ・ピチュ

世界遺産

インカ帝国の遺跡。アンデス山脈の標高2,000 m 以上の場所にある空中都市!

アンデス山脈

リマ

クスコ

ボリビア

セビチェ

魚やタコ、イカなどを使ったマリネ料理が名物。

チチカカ湖

ペルーとボリビアにまたがる、古代からある湖。浮島で暮らす人もいる!

PERU

基本データ

正式国名 ペルー共和国

首都 リマ

面積 128万5千km²

人口 3,371万5千人

主な言語 スペイン語、ケチュア語、アイマラ語

通貨 ソル

ペルーは標高が高い地域に見せたいものがたくさんあるにゃ！

もしかして、また山登りにゃ？

標高6000m級の山々が連なる**アンデス山脈**が国土の真ん中にある国だから、がんばって登ってほしいにゃ。

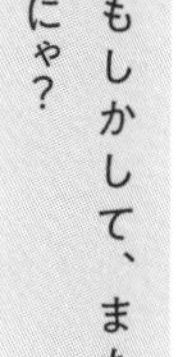
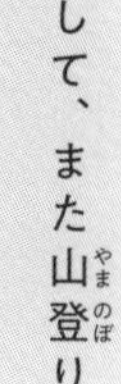

じゃあ、おんぶしてほしいにゃ。

堂々と言われるとついしちゃいそうになるにゃ。

それって屋根より高いにゃ？

たぶんだけど、5,990mくらい高いにゃ。

標高2000m以上にある空中都市遺跡**マチュ・ピチュ**とか、

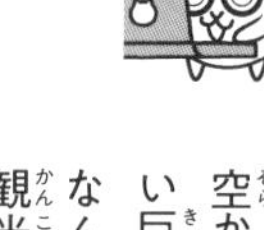

空から見ないとわからないくらい巨大な**ナスカの地上絵**なんかが観光地としても有名にゃ！

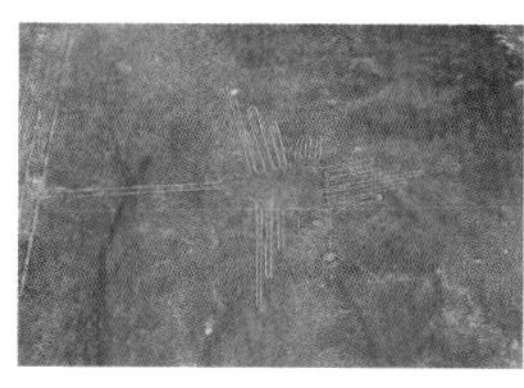
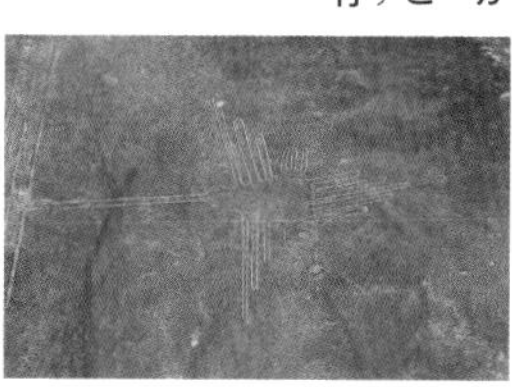

ハチドリの絵は96m！巨大にゃ～。

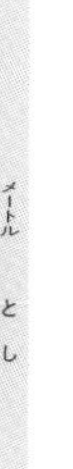

標高2000mに都市!? 空からじゃないと見えない絵!? どうやって作ったにゃ!?

マチュ・ピチュはその昔栄えた**インカ文明**の遺跡なんだけど、インカ文明には文字がなかったから、わからないままのことがたくさんあるにゃ。

UFOのしわざにゃ？

可能性はゼロとは言い切れないにゃ。

インカ帝国の時代から**金**・**銅**などを採掘してきたし、**鉛**や**亜鉛**もとれて**鉱物資源が豊富**な国にゃ！

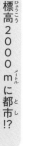

掘って資源を見つけるにゃ～！

金・銅とナゾの遺跡たち…ミステリアスな国にゃ！

これ知ってたら、大人の仲間入りにゃ。

自然

チチカカ湖

アンデス山脈の標高3812mにある湖にゃ。10万年以上前からある、世界でも数少ない古代湖にゃ。トトラという植物を重ねて作った浮島の上に生活している人たちもいるにゃ！

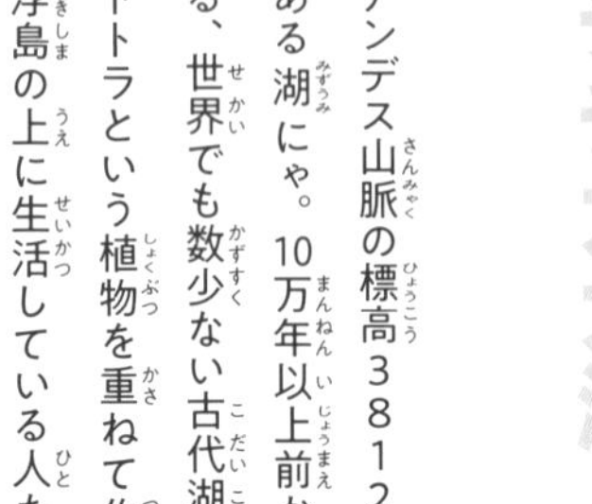

畜産業

アルパカ、リャマ

ペルーで放牧がさかんな動物にゃ。標高の高い山岳地帯に生息する動物で、荷物を運んだり毛から衣服を作ったりして、ペルーの生活と切り離せない大切な動物にゃ！

リャマ

くらし・文化

ポンチョ

ペルーの民族衣装にゃ。アルパカやリャマ、羊の毛で織った四角い織物の真ん中に穴を開けて、頭からかぶって着るにゃ。簡単に脱ぎ着できて、昼と夜の気温の差が激しい高山気候に合った衣装にゃ。

ご当地にゃんでもクイズ

GOTOUCHI NYANDEMO QUIZ

全問正解したら完全勝利にゃ!　全部まちがえたら…
何度でも3ページ前から出直してくればいいにゃ!

Q1

基本

ペルーの首都は?

□□

Q2

まあまあ

ペルーにある、標高2000m以上の山岳地にあるインカ文明の都市遺跡といえば?

Q3

まあまあ

ペルーとボリビアにまたがる、標高3,812mにある古代湖といえば?

①バイカル湖　②チチカカ湖　③ビクトリア湖

Q4

激ムズ

ペルーにあるインカ文明の遺跡は、誰がなんの目的で作ったものかまだわかっていない。それはなぜ?

①当時のインカ文明には文字がなく、現在に伝わっているものがないから。

②たくさんの歴史書が残っていて、まだすべて解読できていないから。

③最近になって新しい歴史書が見つかり、今までの説がまちがっていたことがわかったから。

答え Q1 リマ　Q2 マチュ(・)ピチュ　Q3 ②チチカカ湖　Q4 ①

チリマップ

チュキカマタ銅山

世界最大の露天掘り銅山。
チリの銅鉱の産出は世界一!(2017年)

アタカマ砂漠
アンデス山脈
サンティアゴ
アルゼンチン
ラパヌイ島
(イースター島)

アタカマ砂漠

雨がほとんど降らず乾燥しているので、天体観測にぴったり。世界各国の天体観測所がある!

モアイ像

世界遺産

ラパヌイ島(イースター島)に立ち並ぶ巨大な人面像が有名! その数800体以上。

マゼラン海峡

ブドウ・リンゴ

農業もさかんで、ブドウからはワインもたくさん造られている!

CHILE

基本データ

正式国名 チリ共和国
首都 サンティアゴ
面積 75万6千km^2
人口 1,949万3千人
主な言語 スペイン語 **通貨** ペソ

なんだか**細長い国**についたにゃ！

ここはチリにゃ！

すごく親近感感じるにゃ。

形は細長いけど、名前は短いにゃ！

世界一細長い国で、赤道に近い北部には砂漠、南極に近い南部には氷河があるくらい変化に富んだ国にゃ！

すごいギャップにゃ。
ネコマッチョの顔と体もにゃ。

オタネコ、あの空に向かってたっているものは何にゃ？

あれは**アタカマ砂漠**の天体望遠鏡にゃ！乾燥していて空気がすんでいるから、**世界的な天体観測の名所**にゃ。

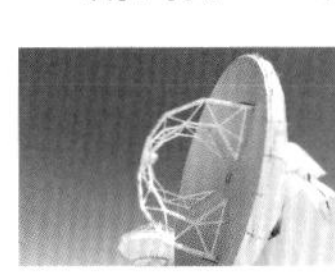

今目が合ったにゃ？

たぶん気のせいにゃ。

じゃあ、あっちの、空に向かって建ってるものも天体観測にゃ？

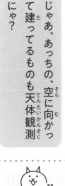

いや、あれはラパヌイ島の**モアイ像**にゃ。なんのための物かは、**ナゾ**にゃ。

ナゾ……！

※ここからはミニコーナーでお届けするにゃ。

知ってたら
大人の仲間入りにゃ!

銅の産出量世界一

世界最大の露天掘り銅山チュキカマタ銅山などがあって、銅の産出量世界一にゃ。世界の銅のおよそ3分の1をチリで産出されているにゃ。

クイズ!

チリの国土は、世界一〇〇。当てはまるのはどれ？

①広い　②狭い　③細長い

答え ③細長い

アルゼンチンマップ

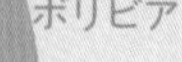

アコンカグア山

南アメリカで最も高い山!
標高は約6,960 m!

イグアスの滝 世界遺産

アルゼンチンとブラジルにまたがる、**世界最大の滝**!

大草原パンパ

国土の中央に広がる大草原。
牧畜がさかん!

アルゼンチンタンゴ

男女で情熱的に踊る伝統ダンス。

バルデス半島 世界遺産

マゼランペンギンやミナミゾウアザラシなどめずらしい動物がすんでいる!

ARGENTINA

基本データ

正式国名 アルゼンチン共和国
首都 ブエノスアイレス
面積 279万6千km^2
人口 4,527万7千人
主な言語 スペイン語 **通貨** ペソ

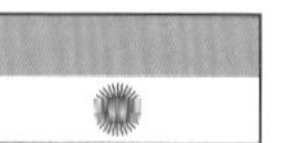

でっかい原っぱがあるにゃ！

アルゼンチンの中部にある大草原、**パンパ**にゃ！

こんなに広い原っぱがあるなんて、追いかけっこし放題の国にゃ！

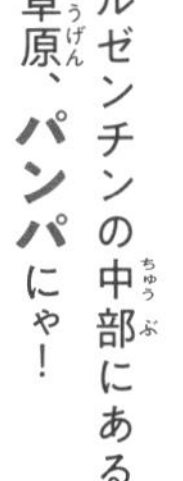

思いっきり駆けまわるにゃー！
アルゼンチンならサッカーもいいかもにゃー！
…ネコフィッシュも駆けまわる派にゃ？

追いかけっこやサッカーもいいけど、アルゼンチンは**牧畜がさかん**で、パンパがその中心になっているにゃ！

牧畜って、牛とか羊とかを飼うやつにゃ？

アルゼンチンは特に**牛**にゃ！

食事も牛肉をたくさん食べる国で、伝統料理の「**アサード**」は肉づくしの焼肉料理にゃ！

アルゼンチンには**「肉がないことは、食事がないことだ」**ということわざもあるらしいにゃ！

すごいことわざにゃ。

原っぱでかけっこして、牛を飼って…ほかに何かあるにゃ？

草原しかないわけじゃないにゃ。チリと同じで気候は変化に富んでいて、**南パタゴニア氷原**は世界3位の広さの氷床にゃ！

南のほうが寒い国にゃ。

知ってたら 大人の仲間入りにゃ！

エルネスト・ゲバラ

キューバ革命で活躍したアルゼンチン出身の政治家にゃ。通称チェ・ゲバラ。

クイズ！

アルゼンチンでさかんなのは？

①牧畜　②稲作　③養殖業

答え ①牧畜

コロンビアマップ

カルタヘナ 世界遺産

スペインの植民地だった時代に栄えた港町。石造りの街並みが美しい!

コーヒー豆

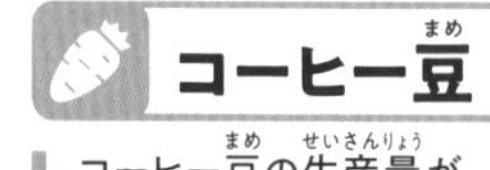

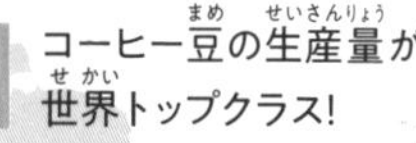

コーヒー豆の生産量が世界トップクラス!

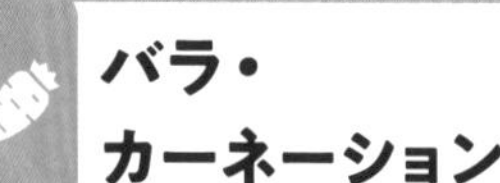

バラ・カーネーション

切り花の栽培がさかんで、輸出も多い!

エメラルド

世界有数のエメラルドの産出地!

アヒアコ

伝統的なクリームスープ!

COLOMBIA

基本データ

正式国名 コロンビア共和国
首都 ボゴタ
面積 114万2千km²
人口 5,151万7千人
主な言語 スペイン語 **通貨** ペソ

コロンビアは春分と秋分に太陽が真上を通る道、**赤道**が通っている国で、海側は年中真夏の暑さにゃ！

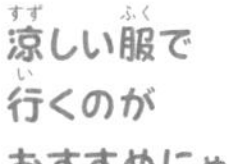

涼しい服で行くのがおすすめにゃ！

そもそも、それは服にゃ…？

石油や**石炭**などの天然資源がたくさんある国にゃ。あとは**コーヒー豆**の生産もさかんにゃ。

ほかにも、プレゼントにしたくなるような素敵なものがたくさんあるにゃ！

それはいいにゃ。いつもいろいろ教えてくれるオタネコに何かプレゼントしたいにゃ！　何でも選んでにゃ！

ええっ!?　うれしいにゃ！　じゃあ、**エメラルド**がいいにゃ！　コロンビアが世界有数の産地にゃ！

いいアイデアにゃ。でも、オタネコはもともと宝石より輝いているから必要なさそうにゃ。さあ、何でも選んでにゃ。

そうにゃ？　それなら、**バラ**と**カーネーション**の花束がいいにゃ！　切り花もコロンビアの名産にゃ。

うんうん、それも素敵にゃ。でもオタネコ自身がオンリーワンの花だからにゃ。ちがうものがよさそうにゃ。

さあ、何でも選んでにゃ。

30円以内で買えるもので…！

気持ちだけもらっておくにゃ。

知ってたら

大人の仲間入りにゃ!

シパキラ塩の教会

岩塩を掘るための洞窟の中に作られたキリスト教の教会にゃ。スペインの植民地だった歴史もあり、今もキリスト教徒が多いにゃ。

クイズ！

コロンビアを通っているのは？

①赤道　②シルクロード
③シベリア鉄道

答え　①赤道

まとめクイズ！ { MATOME QUIZ }

まとめQ1

南アメリカの国々の土地でとってきた写真が、どこの国の写真かわからなくなってしまったにゃ！メモをヒントに、どこの国か教えてほしいにゃ。

1 どこまでも広い草原が続いていて、見たことないくらいたくさん牛がいたにゃ！

2 地元のおじさんが、「コーヒー豆も有名だけど、バラの切り花の生産もさかんだよ」って教えてくれたにゃ。

3 高い山の山頂にあって、空に浮かんでるみたいな気分になる都市遺跡にゃ！

4 とんでもない数の人がサンバのリズムで踊りまくっていたにゃ！

5 ナゾがナゾを呼ぶ頭だけの石像が並んでたにゃ。

全問正解したら完全勝利にゃ！　全部まちがえたら…何度でも156ページから出直してくればいいにゃ！

まとめQ2

地図に示された場所の名前、わかるかにゃ？

※地図は一部簡略化しています。

1 流域面積世界一の大きな川

2 ナスカの地上絵やマチュ・ピチュが有名な国

3 南米を南北に走る標高 6,000 m 級の山脈

4 世界一細長い国

5 南米を代表する、サッカー大国

6 首都はブエノスアイレス。牧畜などがさかんな国

答え Q1 ①アルゼンチン ②コロンビア ③ペルー ④ブラジル ⑤チリ
Q2 ①アマゾン川 ②ペルー ③アンデス山脈 ④チリ ⑤ブラジル ⑥アルゼンチン

次はオタネコの極秘レポートにゃ！

ネコカメラマンもついてきた!
オタネコの極秘レポート!
OTANEKO GOKUHI REPORT
今回のテーマ

読めば世界がもっと見えてくるにゃ!

最強なのは船? 鉄道?
世界の交通事情まるわかり!

国によって船が使われていたり鉄道が多く使われていたり、
世界の交通事情にはナゾがいっぱい。
どうやら産業と地形が関わっているらしいにゃ!

情報 その1
厳しい環境でも大丈夫 陸地の長距離輸送は鉄道!

陸地の長距離移動なら鉄道!

長い距離を多くの人や荷物を積んで移動できる鉄道は陸地の移動の最強交通手段にゃ! 地面が凍ってしまうくらい寒さの厳しい広大な国土を持つロシアでは、世界最長のシベリア鉄道が大活躍しているにゃ。線路を敷くのは大変だけど、一度作ってしまえば過酷な環境でも移動できるのが鉄道のメリットにゃ!

極寒の土地を、全長約9,300 km にわたって走るシベリア鉄道。(ロシア)

野生動物の保護区なども横切りながら南アフリカ、ジンバブエを走りぬける。(ジンバブエ)

車窓から見る流れる景色は最高にゃ。

情報 その2 船なら重いものもガンガン運べる！

川があれば、安く大量に運べる！

鉄道とちがって、設備を作らなくてもいい川での輸送は、運賃を安く抑えることができるにゃ。大型のコンテナ船ならトラック何十台もの荷物を一度に運べちゃうにゃ。また、川を運行する船は、荷物を運ぶのはもちろん、人々の生活に欠かせない交通手段にもなっているにゃ！

ライン川を渡るコンテナ船。（ドイツ）

アマゾン川流域に暮らす人々の交通手段は船。（ブラジル）

情報 その3 観光のための交通には人気者がたくさん！

タイやカンボジアなどで利用されている3輪タクシー「トゥクトゥク」は、観光客にも人気にゃ。

地元の人のほか、観光客にも人気のトゥクトゥク。（タイ）

また、ポルトガルの路面電車など、古いけれど歴史ある趣きが人気でそのまま残されている乗り物もあるにゃ。

リスボンで人気の小型路面電車。（ポルトガル）

ポイント

陸地の長距離移動は鉄道。船なら安くたくさん運べる。

次はアフリカにゃ！

人類発祥の地といわれる！ 千を超える多くの民族が暮らす！

アフリカ

赤道

のどが渇いたにゃ…水…水が欲しいにゃ…！

ここはアフリカ大陸にゃ。乾燥していて大きな**サハラ砂漠**があって、**赤道も近く暑い**地域にゃ。

こんなに暑かったら住むのも大変…と思ったら、予想以上に**いっぱい人がいる**にゃ！

アフリカは、**アジアに次いで人口が多くて、**たくさんの民族が暮らしているにゃ。**千を超える民族がいる**ともいわれるにゃ。

これまたにゃんこを好きになってくれる人がたくさんいそうにゃ〜！

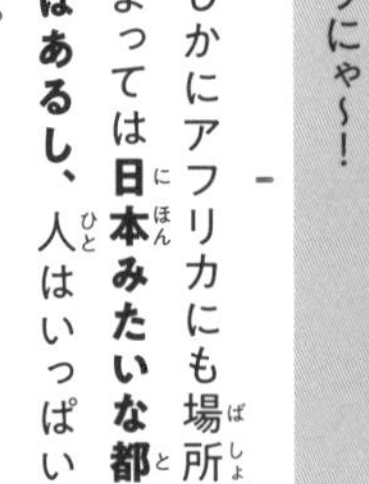

たしかにアフリカにも場所によっては**日本みたいな都市はあるし、**人はいっぱいにゃ。

あとは、**サバンナには野生動物**もいるしにゃ。

野生動物…!? それは…**ネコとしても絶対に負けられないにゃ！**

…本当に？ 百獣の王のライオンでも？ 巨大なゾウでも？

……。

北アフリカ

エジプトなど、サハラ砂漠より北のエリア。乾燥しているけれど、海沿いはイタリアやギリシャと近い、温暖な気候!

東アフリカ

ケニア、タンザニアなど、野生動物がたくさんいるエリア。5,000 m を超える高さのキリマンジャロ山なども有名!

西アフリカ

サハラ砂漠より南の地域。雨季と乾季があるけど、乾季には雨が降らず、水不足が起きることも。

中部アフリカ

赤道付近の国々が多い! 熱帯雨林に棲むめずらしい生き物も多いとか!

南部アフリカ

乾燥している所がほとんどだけれど、海岸付近には温暖なエリアも!

さっそく
それぞれ詳しく見ていくにゃ!

南アフリカマップ

金・ダイヤモンド・レアメタルなど

高価な鉱山資源が豊富!

アンゴラ

キンバリー鉱山

ダイヤモンドの採掘鉱跡。巨大な穴が開いている!

ジンバブエ

ナミビア

ボツワナ

プレトリア

モザンビーク

エスワティニ

レソト

喜望峰

アフリカ大陸の南の端!

ダチョウステーキ

ダチョウの肉を料理に使うことも多い!

SOUTH AFRICA

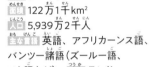

基本データ

正式国名 南アフリカ共和国
首都 プレトリア
面積 122万1千km²
人口 5,939万2千人
主な言語 英語、アフリカーンス語、バンツー諸語(ズールー語、ソト語など)
通貨 ランド

南アフリカは、**アフリカ大陸のいちばん南**にある国にゃ。

南にあるから南アフリカ…覚えやすくて助かるにゃ！

ネコでフィーバーだからネコフィーバーにゃ！

いい名前にゃ。でも、フィーバーって何にゃ？

アフリカって、サバンナと野生動物がたくさんのイメージにゃ。

野生動物もいるけど、南アフリカは**金やダイヤモンド、レアメタル**など様々な鉱物がとれるにゃ！

金にダイヤモンド…！おみやげにほしいにゃ！

ダイヤモンドを掘って一攫千金…狙ってみようかにゃ…。

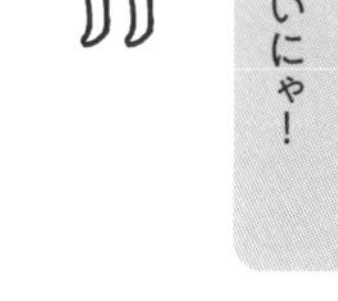

コツコツ働くのもすばらしいことにゃ…！

資源が豊富なおかげで、アフリカ大陸のなかでも豊かな国で、**金融業**もさかんにゃ！

金融システムや法律がちゃんと整ってるらしいにゃ！

自然もお金も豊かなんてパラダイスみたいな国にゃ！

一方で、南アフリカは**人種差別と戦った歴史のある国**でもあるにゃ。

昔、**アパルトヘイト**という、ヨーロッパ系とアフリカ系の人を区別してヨーロッパ系の人だけを大事にする政策があったにゃ。

え!? アフリカの国なのに？

そのころは、大航海時代にヨーロッパからやってきた人たちが南アフリカを支配していたからにゃ…。1994年にようやく、制度が撤廃されたにゃ！

みんなちがってみんなすばらしい、そんな世界になるといいにゃ。

いいにゃ。

これ知ってたら、大人の仲間入りにゃ。

産業

キンバリー鉱山

世界最大の、ダイヤモンド採掘跡にゃ。「ビッグホール」と呼ばれる露天掘りの跡は幅が400m以上、深さ200m以上もあるといわれているにゃ！

歴史

アパルトヘイト

第二次世界大戦後の南アフリカで推し進められた、ヨーロッパ系の人だけを大事にする政策にゃ。人種によって座るイスを分けられるなど、様々な差別が行われていたにゃ。1994年にようやく撤廃されたにゃ！

「白人専用」とかかれた、アパルトヘイト時代のイス。

歴史

ネルソン・マンデラ

アフリカ系初の南アフリカ人統領にゃ。アパルトヘイトをやめさせるために働きかけた運動のリーダーとなって、1994年に選挙で大統領に選ばれたにゃ。人種差別と戦った指導者として、ノーベル平和賞も受賞しているにゃ！

ご当地にゃんでもクイズ

GOTOUCHI NYANDEMO QUIZ

全問正解したら完全勝利にゃ! 全部まちがえたら…
何度でも3ページ前から出直してくればいいにゃ!

Q1

南アフリカの首都は?

基本

Q2

南アフリカでたくさんとれる資源の組み合わせで、
正しいものはどれ?

まあまあ

①石油と天然ガス
②岩塩と石炭
③ダイヤモンドと金

Q3

南アフリカは、アフリカの国のなかでは経済が□□□国。
□□□にあてはまるのは?

まあまあ

①貧しい ②豊かな

Q4

第二次世界大戦後の南アフリカで行われ、
1994年に撤廃された人種差別政策といえば?

激ムズ

□□□□□□□

答え Q1 プレトリア Q2③ Q3② Q4 アパルトヘイト

エジプトマップ

ピラミッド

世界遺産

古代エジプトの王の墓と考えられている。紀元前2500年ごろ(約4500年前)に作られたらしい!

スエズ運河

ヨーロッパとアジアを船でつなぐ近道のルートとして、重要な運河! 人工的につくられた!

イスラエル

ヨルダン

ギザ

カイロ

リビア

紅海

ナイル川

世界で最も長い川。その長さ約6,690 km! ナイル川の下流域で**「エジプト文明」**が生まれた!

アスワンハイダム

ナイル川の氾濫(洪水)を防ぐことなどを目的に、1970年ごろに完成したダム。水力発電もしている!

サハラ砂漠

サハラ砂漠

アフリカ大陸の約3分の1を占める、**世界最大の砂漠**!

スーダン

EGYPT

基本データ

正式国名 エジプト・アラブ共和国
首都 カイロ
面積 100万2千km^2
人口 1億926万2千人
主な言語 アラビア語、英語
通貨 エジプト・ポンド(LE)とピアストル(PT)

ここはエジプトの**サハラ砂漠**。世界最大の砂漠にゃ！

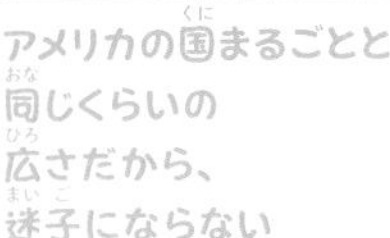

アメリカの国まるごとと同じくらいの広さだから、迷子にならないでにゃ。

砂遊びし放題にゃ！

広すぎて時空のはざまかと思ったにゃ！

あっちで巨神ネコが砂遊びしたみたいにゃ。なんだかでっかいものができてるにゃ。

あれは**ピラミッド**にゃ。紀元前2500年ごろの古代エジプトで作られた、王様のお墓と考えられているにゃ。

電気も車もない時代に、あんなに大きなお墓を作ったにゃ!?

信じられないかもしれないけど、**古代のエジプト人の力で作った**ものにゃ。

きっと何か裏技があるにゃ…。そうか、わかったにゃ!!

時空のはざまから召喚したに違いないにゃ！

世界最長の川・**ナイル川**の周りで生まれた**エジプト文明**は、とっても**高度な技術**を持っていたにゃ。そして今でも**たくさんの遺跡**が残っているにゃ！

神話に登場する「スフィンクス」の巨大な石像も！

遺跡を見るために世界中から観光客がたくさん集まるにゃ！

わかってくれるまで言うけど、人の力で作ったものにゃ。

これ知ってたら、大人の仲間入りにゃ。

産業

パピルス

ナイル川に生える水草で紙の原料になる草にゃ。古代エジプトではパピルス紙を使ってさまざまな記録を残したにゃ。今でもお土産として特産品になっているにゃ。

自然

ナイル川

エジプトを南北に流れる、世界最長の川にゃ。河口近くの三角州では農業がさかんにゃ。世界の古代文明のひとつ、エジプト文明は、このナイル川の下流域で発達したにゃ。

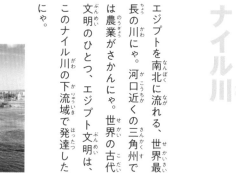

産業

スエズ運河

150年ほど前に開通した、地中海と紅海をつなぐ運河にゃ。ヨーロッパからアジアへ向かう航路は、アフリカ大陸をぐるっと回らなければいけなかったのが、この運河を通ることでとても近道になったにゃ。

ご当地にゃんでもクイズ

GOTOUCHI NYANDEMO QUIZ

全問正解したら完全勝利にゃ！　全部まちがえたら…
何度でも3ページ前から出直してくればいいにゃ！

Q1 基本

エジプトの首都は？

□□□

Q2 まあまあ

エジプトにも広がる、世界最大の砂漠といえば？

□□□砂漠

Q3 まあまあ

エジプトを流れる、世界最長の川といえば？

□□□川

Q4 激ムズ

エジプトにある、地中海と紅海を結ぶヨーロッパとアジアをつなぐ運河といえば？

□□□運河

答え Q1 カイロ　Q2 サハラ（砂漠）　Q3 ナイル（川）　Q4 スエズ（運河）

ケニアマップ

南スーダン

マサイマラ国立保護区

サバンナにはライオンやキリンなど野生動物が生息している!

紅茶

紅茶の輸出量、世界トップクラス!

エチオピア

マサイ族

ケニアを象徴する民族で、国旗にもマサイ族のたてとやりが描かれている!

ソマリア

キリニャガ山

世界遺産

ケニアで最も高い山で、標高は5,199 m! ケニア山国立公園として世界遺産に登録されている!

タンザニア

KENYA

基本データ

正式国名 ケニア共和国
首都 ナイロビ
面積 59万2千km²
人口 5,300万6千人
主な言語 スワヒリ語、英語
通貨 ケニア・シリング

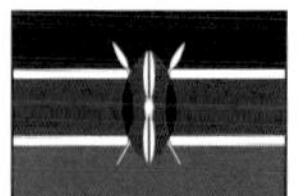

ケニアは、**野生動物**がたくさんいる国にゃ！

サバンナに

ライオン！　ゾウ！　キリンも！　これぞアフリカにゃ！

野生の相撲取りだったにゃ？

ちょうど真ん中あたりを**赤道**が通るから**暑い国**だけど、**キリニャガ山**みたいに高い山もあって山頂には**氷河**もあるにゃ。

サバンナと氷河！　すごいギャップにゃ！

ギャップならほかにもあるにゃ。首都の**ナイロビ**は**人口400万人を超える国際都市**にゃ。

野生動物と大都会…！　いいにゃ！　なんかそういうギャップ、吾輩もほしいにゃ…！

ギャップ？　かわいい姿で、実はすごい野生の力を秘めてる、とか？

ゴゴゴゴ……
それにゃ！
本気を出せば
きっと
野生っぽい
力が…！

…特に出なかったにゃ。

そんなネコもステキにゃ。

※ここからはミニコーナーでお届けするにゃ。

知ってたら
大人の仲間入りにゃ！

マラソン大国

ケニアは陸上競技、特にマラソンに優れた選手の多い強豪国にゃ。標高が高くて酸素の薄い場所で生活をしているから肺や心臓が強くなりやすくて、陸上競技に強い人が多いらしいにゃ。

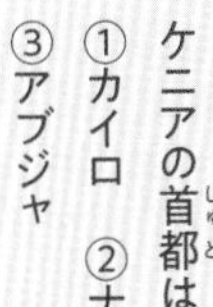

クイズ！

ケニアの首都は？
①カイロ　②ナイロビ
③アブジャ

答え ②ナイロビ

ナイジェリアマップ

ニジェール川

河口には大きな三角州がある!

石油

石油産出量はアフリカで最大級!

キャッサバ

タピオカの原料にもなるいも、キャッサバの栽培がさかん!

ラゴス

人口が多く経済も発展していて、**アフリカで最大級の町**!

ズマロック

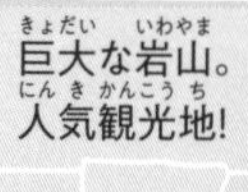

巨大な岩山。人気観光地!

NIGERIA

基本データ

正式国名 ナイジェリア連邦共和国
首都 アブジャ
面積 92万4千km²
人口 2億1,340万1千人
主な言語 英語、ハウサ語、ヨルバ語、イボ語
通貨 ナイラ

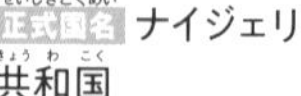

ナイジェリアに到着にゃ！

ホントに？
まちがってないにゃ？

まちがいなく、ここが**石油**の産出量アフリカ最大級の、ナイジェリアにゃ！

本当にそうにゃ？　本当にここがナイジェリアにゃ？

本当にゃ！　石油のおかげで**アフリカ一の経済大国**だし、

ラゴスには
ビルも
たくさんにゃ。

アフリカでいちばん**人口も多い**国にゃ！

本当にゃ…？　オタネコのこと、信じたいけど…。

な、なんで急にそんなに疑われてるにゃ!?

たしかに、**250以上の民族**でできた国で、話されてる**言語も500以上ある**からいろいろな国に見えるのかもしれないけど！　信じてほしいにゃ！

うーん、でも、やっぱり、ここは**ナイジェリアじゃないんじぇりあ？**

もしかして、
そのダジャレが
言いたかった
だけにゃ…？

思いついたら
がまんでき
なかったにゃ！

知ってたら
大人の仲間入りにゃ！

内戦の歴史

ナイジェリアの国境は19世紀にイギリスの植民地になったときに決められたものにゃ。もともと住んでいた民族が納得したものではないから、対立がおきて内戦になってしまったにゃ。現在も、民族同士の対立は続いているにゃ。

クイズ！

ナイジェリアに暮らす民族の数は？

①100以下　②150くらい　③250以上

答え ③250以上

ガーナマップ

カカオ豆

チョコレートやココアの原料になるカカオ豆の生産が多いことで有名!

ボルタ湖

世界最大の、人工的に作られた湖。水力発電に使われている!

ブルキナファソ

ベナン

トーゴ

コートジボワール

エルミナ城

世界遺産

かつて、奴隷貿易がさかんだった港。くり返してはいけない**「負の遺産」**として、世界遺産になっている!

ゴールドコースト

金の産出量が多く金の取引が多かったことから、ギニア湾のあたりは**ゴールドコースト(黄金海岸)**と呼ばれた!

ボルタ川

アクラ

ギニア湾

GHANA

基本データ

正式国名 ガーナ共和国

首都 アクラ

面積 23万9千km²

人口 3,283万3千人

主な言語 英語、各民族語

通貨 ガーナセディ

ガーナといえば、アレが有名にゃ！

赤白帽にゃ？

カカオ豆にゃ。チョコレートやココアの原料で、コートジボワールに次いでガーナが**生産量世界2位**にゃ。

(2020年)

なぜ赤白帽…？
ガーナの人、運動会好きかなって。
好きかなって。

カカオ豆がたくさんなんて、チョコ好きにはたまらない国にゃ！

うれしいのはチョコ好きだけじゃないにゃ。**アフリカの中でも早くに義務教育制度**が始まった国で、日本と同じようにみんな小学校・中学校に通えるにゃ。

ほかの国は、みんな小学校に通ってないにゃ？

サハラ砂漠より南の国では、**5人にひとりは小学校に通っていない**にゃ。

(ユネスコ, 2019年)

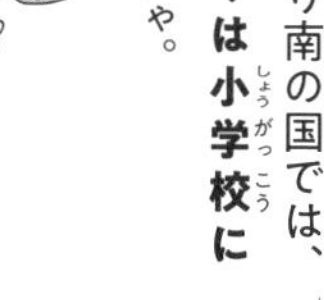

この中のひとりは通えない計算にゃ！？
学校に行けるって当たり前のことじゃなかったにゃ。

ガーナは**金**の採掘量も多いけど、教育を受ける機会は金よりも貴重なものにゃ！

その通りにゃ！　ぜったい、金より学校にゃ！

知ってたら大人の仲間入りにゃ！

野口英世ゆかりの地

千円札の肖像にもなった野口英世は、ガーナで黄熱病という病気の治療法を研究したにゃ。ガーナで亡くなった彼を記念してガーナ大学に研究所が造られたにゃ。

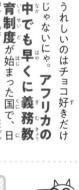

クイズ！

ガーナで生産量が多いものは？

①カカオ豆　②コーヒー豆
③小豆

答え ①カカオ豆

まとめクイズ！ MATOME QUIZ

まとめQ1

アフリカを旅したにゃんこたちが、旅の思い出を話してくれたにゃ。
178～191ページに登場した国のうち、どこの国の話か、わかるかにゃ？

1

波かと思って近づいたら地面が全部砂でびっくりしたにゃ！　でっかい三角の滑り台があったから滑ろうとしたら、ピラミッドは王様のお墓だからそんなことしちゃだめって怒られたにゃ。

2

サバンナを散歩してたら、保護区から迷子になったキリンだと思われたにゃ。たてとやりを持った人たちに囲まれたけど、話したらみんないい人だったにゃ。

3

人工的な湖やチョコレートの畑があるって聞いて駆けつけたにゃ！　でも、カカオ豆はそのままじゃ食べられないって聞いて、今チョコの作り方を調べてるところにゃ。

4

アフリカで最も人口が多い国で、24時間の間に出会った人がみんなちがう言葉をしゃべってて驚いたにゃ。言葉がちがってもわかりあえるって思ったら、なぜだか感動したにゃ。

5

金とダイヤモンドっぽい石をたくさん見つけたにゃ！　でも、結局全部ただの石だったにゃ！　採掘量が多いって言っても、そんなに簡単には見つけられないものらしいにゃ。

全問正解したら完全勝利にゃ！　全部まちがえたら…
何度でも176ページから出直してくればいいにゃ！

まとめQ2

地図に示された場所の名前、わかるかにゃ?

※地図は一部簡略化しています。

1 世界最大の砂漠
2 ヨーロッパとアジアをつなぐ近道となった運河
3 カカオの生産で有名な国
4 ピラミッドで有名な国
5 世界最長の川
6 アフリカの最南端の国

答え Q1 ①エジプト　②ケニア　③ガーナ　④ナイジェリア　⑤南アフリカ

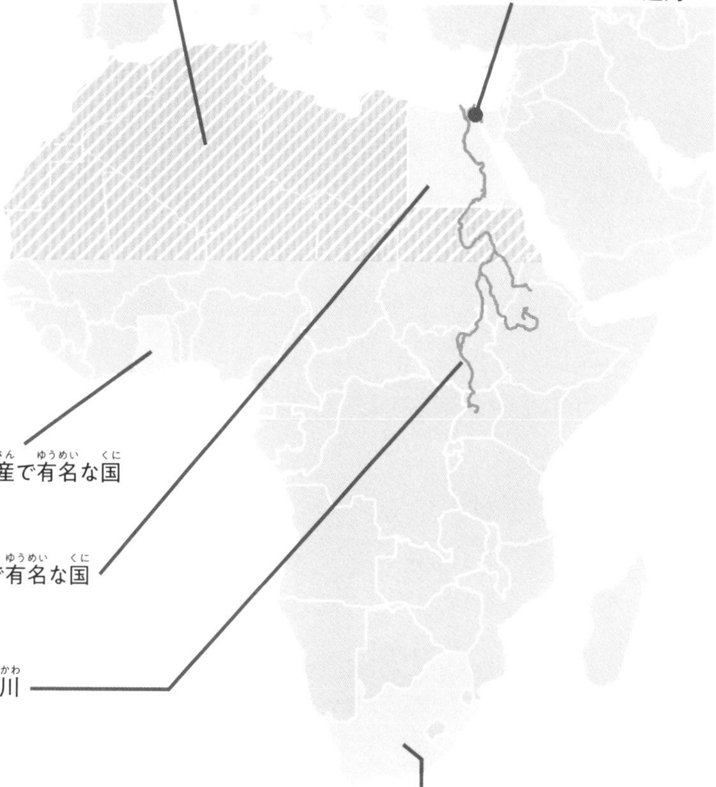

Q2 ①サハラ砂漠　②スエズ運河　③ガーナ　④エジプト　⑤ナイル川　⑥南アフリカ

次はオタネコの極秘レポートにゃ!

ネコカメラマンもついてきた!
オタネコの極秘レポート!
OTANEKO GOKUHI REPORT

読めば世界がもっと見えてくるにゃ!

今回のテーマ

アフリカの国境線、まっすぐなところが多い理由を大調査!

アフリカの国々の国境には、定規で引いたみたいにまっすぐなところがたくさんあるにゃ。実はこれ、偶然じゃなくて理由があるらしいにゃ!

情報その1 地図上で、国境を決めた国が経線や緯線を基に多い!

国境の決まり方はおもに2パターン!

ひとつは、山や川など自然の地形を基に決める決め方。もうひとつは、地図上にひかれている「経線」や「緯線」などから国境線を決めるやり方にゃ。アフリカは、このやり方で国境が決まった国が多いにゃ。

アフリカの国々が自分で決めた国境ではない

実は、自分たちで決めた国境ではないらしいにゃ。

まっすぐな線には悲しい過去があるにゃ。

情報 その2 ヨーロッパの国々が話し合い、勝手に領地と決めた！

ヨーロッパの国々が植民地を求めてやってきた！

19世紀の後半、世界には「強い国がほかの国を支配してもいい」という考え方が広がっていたにゃ。

アフリカにも、フランスやイギリス、ドイツなど、当時**「列強」**と呼ばれるほど強かった国々がやってきて、アフリカを「植民地」として支配しようとしたにゃ。

先に住んでいた人たちがいるのに困るにゃ…。

列強の国同士で、勝手に「自分たちの領土」を決めた！

列強同士で取り合いにならないよう話し合って、「ここはイギリスのもの」「ここからはフランスのもの」などと、境界線を決めてしまったにゃ。

情報 その3 不自然な国境が争いのタネに…。

元から住んでいた人々の納得していない国境

勝手に決められた国境は、もともと住んでいた人たちの文化や民族をまったく考えていないものだったにゃ。

だから、ひとつの民族だったのにふたつの国に分けられたり、逆にいくつもの民族が勝手にまとめられたりしたにゃ。自分たちで納得していない国境は、争いの原因になって、アフリカは長く民族同士の争いに苦しめられることになったにゃ。

世界各地で起きている「紛争」

政治や経済、民族や宗教などの問題で、対立して争う状態を**「紛争」**というにゃ。アフリカだけでなく、**紛争は世界各地で今も起きているにゃ。**

ポイント

アフリカは、植民地時代に、ヨーロッパの国々が地図を見て決めた線をそのまま使った国境が多い！

次はオセアニアにゃ！

オセアニア

ユニークな自然環境に恵まれた、オーストラリア大陸と南太平洋の島々！

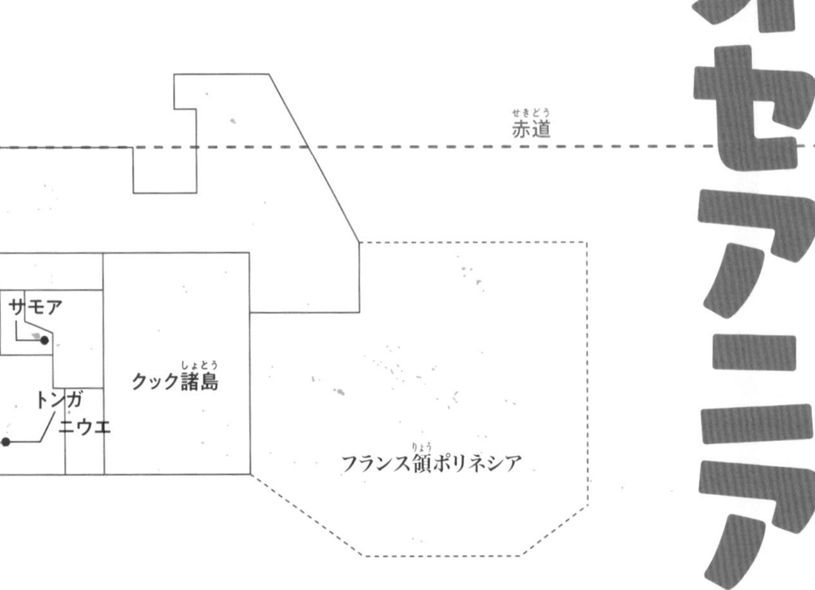

島が大量にあるにゃ！

南太平洋に浮かぶオセアニアには**約2万5000**の島があるにゃ！

どの島から行くか迷っちゃうにゃ！

人が住んでいるのは約3000の島らしいにゃ。

それでも多いにゃ…！

じゃあまずは**オーストラリア大陸**にゃ。大陸まるごと**オーストラリア**って国にゃ。

たしかに最初の国感あるにゃ！

OCEANIA

アメリカ領北マリアナ諸島

マーシャル諸島

パラオ

ミクロネシア連邦

ナウル

キリバス

パプアニューギニア p.204

ツバル

ソロモン諸島

バヌアツ

フィジー

ニューカレドニア

オーストラリア p.198

ニュージーランド p.202

ニュージーランドもオセアニアの代表的な国にゃ。オセアニアは**独特な進化をした生き物**がいて、**自然豊か**で見どころが多いにゃ。

豊かな自然、最高にゃ！

それと、オセアニアには**もともと住んでいた人々「先住民」**がいたけれど、**イギリスやフランスなどに支配された歴史**があるにゃ。

そしたら、先住民さんは今どうしているにゃ？

人口は減ってしまったけれど、今は、もとの文化も守られながら暮らしているにゃ。

さっそく

それぞれ詳しく見ていくにゃ!

オーストラリアマップ

羊・牛

牧畜がさかんで、羊毛や**オージービーフ**と呼ばれる牛肉が有名!

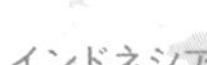

世界遺産

グレート・バリア・リーフ

全長約2,300 km におよぶ、**世界最長のサンゴ礁群**!

東ティモール

世界遺産

ウルル（エアーズロック）

世界最大級の一枚岩で、先住民にとって神聖な場所!

ケアンズ

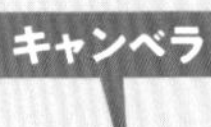

シドニー

メルボルン

タスマニア島

石炭・天然ガス・ボーキサイト

鉱山資源が豊富で、ボーキサイトの産出量は世界一!（2018年）

カンガルーステーキ

カンガルーの肉を使った料理が特徴的!

AUSTRALIA

基本データ

正式国名 オーストラリア連邦
首都 キャンベラ
面積 769万2千km²
人口 2,592万1千人
主な言語 英語
通貨 オーストラリア・ドル

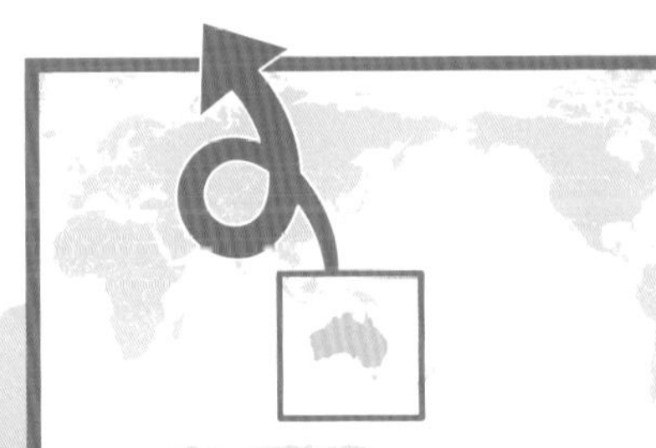

オタネコ…落ち着いて聞いてほしいにゃ…。

ど、どうしたにゃ？　深刻な顔で…。

歌って踊れるアイドルをめざしてるオタネコには申し訳ないけど、**即アイドルまちがいなしのかわいい新種の動物を見つけちゃったにゃ…！**

特にアイドルは目指してないし、それは**コアラ**にゃ！　新種じゃなくて、すでに人気者にゃ！

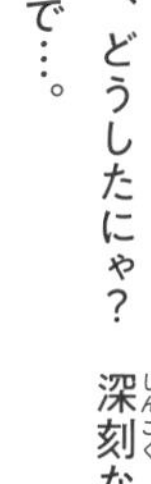

人気者…！

ええ？　でも、ほかの国で見たことないにゃ？

オーストラリアはほかの大陸から離れたところにある大陸の国だから、**独自の進化**をした動植物が多いにゃ。**カンガルー**とか**カモノハシ**とか！

あしだけムキムキという独自の進化を遂げたにゃ。

かなり独自にゃ。オーストラリアとは1ミリも関係なさそうだけど。

でも、大陸って、まさか**大陸ごとひとつの国**ってことにゃ？

そのまさかにゃ。高い山がなくてなだらかな平原が多いから、広大な国土を生かして**牧畜**がさかんにゃ。

カンガルーとかコアラを飼っているにゃ？

飼っているのは牛や羊にゃ。**羊毛**とか**牛肉**をたくさん輸出しているにゃ！

じゃあ、カンガルーとかコアラは大事にかわいがられてる動物ってことにゃ！　かわいいもんにゃ！

いや、**カンガルーは食べることもある**にゃ。おいしいらしいにゃ。

これ知ってたら、大人の仲間入りにゃ。

グレート・バリア・リーフ

自然　世界遺産

世界最大のサンゴ礁群にゃ。全長約２３００ｋｍもあって、ウミガメなどが集まる自然豊かな美しい海として世界遺産に登録されているにゃ！

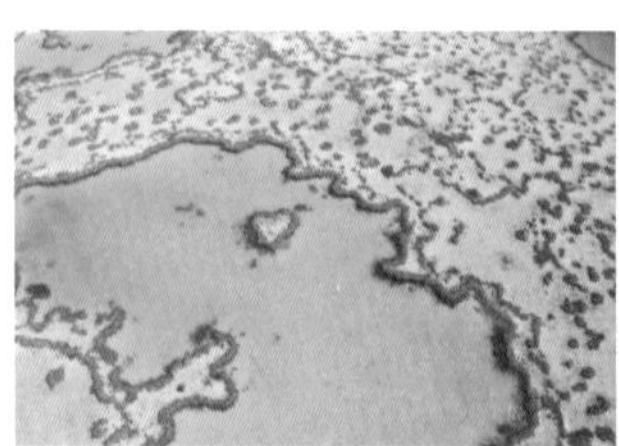

ウルル（エアーズロック）

自然　世界遺産

世界で2番目に大きな一枚岩にゃ。地上に見えている部分だけでも高さ348ｍあるにゃ。観光地として人気だったけれど、オーストラリアの先住民にとっては神聖な場所であることから、２０２３年現在は登山禁止になっているにゃ。

真夏のクリスマス

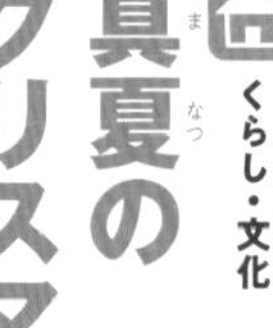

くらし・文化

南半球にあるオーストラリアは、北半球にある日本などと季節が逆になるにゃ。つまり、オーストラリアでは12月～2月が夏にゃ。だから12月のクリスマスは、オーストラリアでは真夏のイベントにゃー

ご当地にゃんでもクイズ

GOTOUCHI NYANDEMO QUIZ

全問正解したら完全勝利にゃ！　全部まちがえたら…
何度でも3ページ前から出直してくればいいにゃ！

Q1 基本

オーストラリアの首都は？

□□□□□

Q2 まあまあ

オーストラリアの周りにある、その美しさから世界遺産にもなっているサンゴ礁群といえば？

□□ー□・□□□・□ー□

Q3 まあまあ

オーストラリアにある世界で2番目に大きい一枚岩で、先住民にとって神聖な場所といえば？

□□□

Q4 激ムズ

カンガルー、コアラなどオーストラリアにしかいない動物がたくさんいる。その理由として正しいのは？

①ほかの大陸から運ばれてきた動物たちが逃げ出して野生に返ったから。
②ほかの大陸から遠く離れた場所にあり、動物たちが独自の進化をしたから。
③周りの大陸から動物が渡ってきて、種が混ざっていったから。

答え Q1 キャンベラ　Q2 グレート・バリア・リーフ　Q3 ウルル　Q4 ②

ニュージーランドマップ

羊

放牧がさかんで、人口の約5倍の羊がいる!

トンガリロ国立公園

世界遺産

先住民マオリ族が信仰する3つの火山を保護している国立公園!

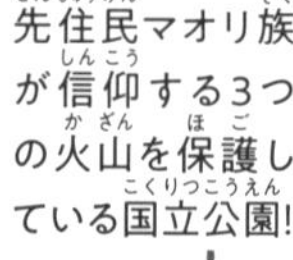

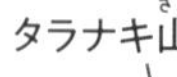

タラナキ山

ルアペフ山

タスマン海

クック海峡

ウェリントン

キウイ

ニュージーランドを象徴する飛べない鳥!

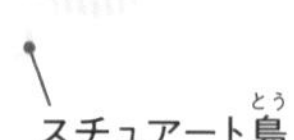

キウイフルーツ

キウイフルーツの生産量は世界トップクラス!

スチュアート島

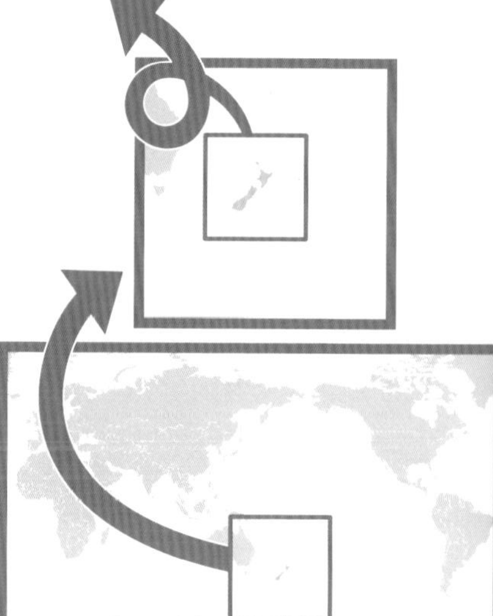

NEW ZEALAND

基本データ

正式国名 ニュージーランド

首都 ウェリントン

面積 26万8千km²

人口 513万人

主な言語 英語、マオリ語、手話

通貨 NZドル

ニュージーランドは手話も公用語のひとつになっている!

あそこにいる生き物はなんにゃ？ あの、果物みたいな…。

キウイにゃ。

たしかにキウイフルーツにそっくりだけど、知りたいのは生き物の名前のほうにゃ！

生き物の名前が、キウイにゃ。ニュージーランドの国鳥で、飛べない鳥にゃ。

ニュージーランドでは**果物のキウイ**も生産が多いんだけど、**この鳥に似ているから「キウイフルーツ」って名前がついた**にゃ。

さらに、ニュージーランドの人は自分たちのことを「キウイ」と呼ぶこともあるにゃ。

キウイ（鳥）に似てる
キウイ（果物）を
キウイ（人）が
買ってきたにゃ。

早口言葉にゃ？

キウイだらけにゃ…！

そうにゃ。でも、多いのはキウイより**羊**にゃ！ 牧畜がさかんで**人口より、羊のほうが数が多い**にゃ！

どのくらいいるにゃ？ 数えてみるにゃ！ 羊が1匹、2匹、3匹、4匹…。

約2500万頭はいるから、やめたほうがいいと思うにゃ…ネコ？ ネコ？

寝てる…！

※ここからはミニコーナーでお届けするにゃ。

＼知ってたら／
大人の仲間入りにゃ！

先住民マオリ

人口の約15％が先住民で、「ハカ」という伝統的な踊りをラグビーの代表チームが試合前に披露したり、今でもその文化が受け継がれているにゃ。

クイズ！

ニュージーランドに人口より多くいる動物は？

①キウイ　②羊　③カンガルー

答え ②羊

パプアニューギニアマップ

ゴクラクチョウ

熱帯雨林にはゴクラクチョウなどめずらしい鳥がたくさんすんでいる!

ニューギニア島

世界で2番目に大きな島!この島の半分がパプアニューギニアの国土!

インドネシア

ニューブリテン島

ヤムイモ・フルーツ

ヤムイモなどのイモ類やバナナなどのフルーツが特産!

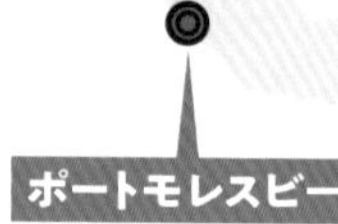

コーラル海

基本データ

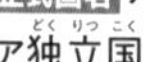

正式国名 パプアニューギニア独立国
首都 ポートモレスビー
面積 46万3千km²
人口 994万9千人
主な言語 英語、ピジン英語、モツ語
通貨 キナ、トヤ

パプアニューギニアは**600の島々**でできた国にゃ！

ザ・南国の楽園にゃ…！

海＋島＋太陽＝楽園にゃ。
これ、テストに出るにゃ。

たくさんの部族がそれぞれの伝統と文化を守りながら暮らしているにゃ。その数なんと**800以上**にゃ！

800以上!? オタネコはぜんぶ言えるにゃ!? すごいにゃ!!

全部…は、言えにゃむにゃむにゃむにゃむ…。

なんて?

自然そのままの森がたくさんあって**ゴクラクチョウ**みたいな**めずらしい鳥**が**約800種類**すんでいるにゃ。

なんでもないにゃ。

また800種類!? それも全部言えちゃうにゃ!? すごいにゃ!!

ええ? あの～ 全部はむりにゃむにゃむにゃむ…。

なんて?

ピュアな目で見られると胸が痛いにゃ。

冗談にゃ！ 全部言えなくても、オタネコは最高にゃ！

ほめられると、応えたくなるにゃ。もっと勉強するにゃ！

知ってたら
大人の仲間入りにゃ!

日本が支配した歴史

第二次世界大戦の戦場にもなって、国の一部を日本軍が支配したこともあるにゃ。その後独立したけれど、今でも戦争の遺跡や慰霊碑が残っているにゃ。

クイズ!

パプアニューギニアにたくさんいる動物は?

①鳥類 ②牛・羊 ③コアラ

答え ①鳥類

まとめクイズ！ { MATOME QUIZ }

まとめQ1

オセアニアから遊びにきた動物たちが、
帰り道がわからなくなってしまったにゃ。
それぞれ、正しい国に送ってあげてほしいにゃ。

1

たくさん島があって、
ほかにもめずらしい鳥が
いっぱいいる森から
きたそうにゃ!

2

おなかに袋のある
動物がほかにもいて、
とにかくでっかい
一枚岩がある国に
帰りたいそうにゃ!

3

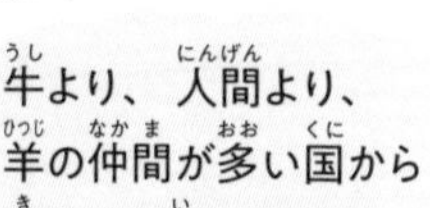

牛より、人間より、
羊の仲間が多い国から
来たって言ってるにゃ!

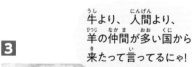

4

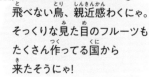

飛べない鳥、親近感わくにゃ。
そっくりな見た目のフルーツも
たくさん作ってる国から
来たそうにゃ!

オーストラリア	ニュージーランド	パプアニューギニア

※2回選ぶ国もあるにゃ。

**全問正解したら完全勝利にゃ！　全部まちがえたら…
何度でも196ページから出直してくればいいにゃ！**

まとめQ2

地図に示された場所の地名や呼び名、わかるかにゃ？

※地図は一部簡略化しています。

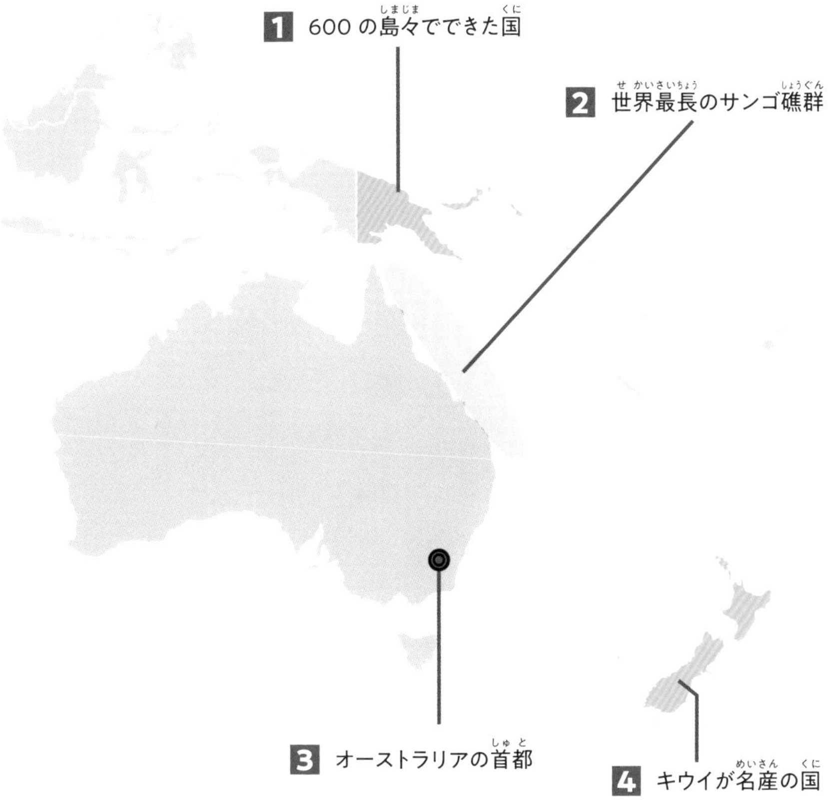

1 600の島々でできた国

2 世界最長のサンゴ礁群

3 オーストラリアの首都

4 キウイが名産の国

答え Q1 ①パプアニューギニア　②オーストラリア　③ニュージーランド
④ニュージーランド
Q2 ①パプアニューギニア　②グレート・バリア・リーフ　③キャンベラ
④ニュージーランド

次はオタネコの極秘レポートにゃ！

ネコカメラマンも
ついてきた！
オタネコの
極秘
レポート！
OTANEKO GOKUHI REPORT
今回のテーマ

読めば世界がもっと見えてくるにゃ！

国旗の中に、別の国の国旗!?
隠された情報を読み解くにゃ！

オセアニアの国の国旗をよく見ていたら、
イギリスの国旗が隠れていたにゃ！
国旗から読み取れる色々なヒミツを解明するにゃ！

イギリス

クック諸島

ニュージーランド

フィジー

ツバル

オーストラリア

情報 その1

かつてイギリスの植民地だった歴史が、国旗に残っている！

「イギリス連邦」の一員というしるし！

かつて、イギリスの植民地だった国の一部は、今でも**「イギリス連邦」**という集まりを作っているにゃ。

「イギリス連邦」の国々は、イギリス国王を国の象徴として、イギリスを中心に結びついているにゃ！

今はもう植民地として支配はされてないけど、つながりは残ってるってことにゃ！

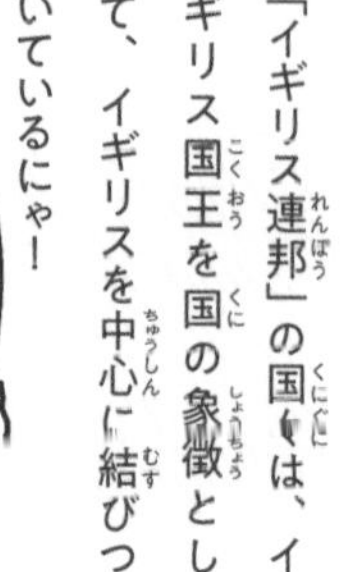

情報 その2
アラブの国・アフリカの国は色でわかる！

赤・黒・白・緑はアラブの国の色！

この4色の組み合わせは**「汎アラブ色」**と呼ばれているにゃ。100年ほど前、アラブの人々がオスマン帝国（今のトルコ）から独立を求めた「アラブの反乱」のときに、この4色の旗が掲げられたのが始まりらしいにゃ！

シリア

イラク

アラブ首長国連邦

緑・黄色・赤はアフリカの国の色！

この3色は**「汎アフリカ色」**と呼ばれていて、たくさんのアフリカの国が国旗に使っているにゃ。最初にこの3色の国旗を使っていたエチオピアが、外国に支配されることなく独立を守ったことから、ほかの国も使うようになったらしいにゃ！

コンゴ共和国

ギニア

ガーナ

情報 その3
「三日月と星」はイスラム教のシンボル

「三日月と星」のマークはイスラム教のシンボルで、**たくさんのイスラム教の国で国旗に使われている**にゃ！550年以上前、イスラム教の国だったオスマン帝国が国旗に使っていたことから、ほかの国でも使うようになったらしいにゃ！

パキスタン

アゼルバイジャン

トルコ

アルジェリア

ポイント

国旗には、その国の歴史や地域のつながり、宗教などの思いがこめられている。

次は総まとめにゃ！

ここまでたどりついたキミは
世界の国マスターの称号が
与えられてもいいくらい
世界に詳しくなれてるにゃ。
世界は広くて
知らないことがいっぱいで、
わくわくするにゃ！

ちなみに
今回出番が
ほぼなかったから
大きめに出てきたにゃ。

忍者は
どっちかっていうと
日本の名物
だからにゃ。

次のページからは

世界一周総まとめクイズにゃ！

もしカンペキにできなかったとしても、何度でもやり直してくれればいいにゃ！

これで終わりと思ってもらっちゃ困るにゃ…

最後の挑戦にゃ！

もう
ひといき
にゃ!

全問正解で完全勝利をめざすにゃ!
全部まちがえたら…初心にかえって何度でも最初のページから読み直してくるといいにゃ!

名前…
メモしてくるの
忘れたにゃ。

Q1

ネコドローンが、世界遺産の写真をとってきたにゃ。でも、名前をすっかり忘れてしまって困っているにゃ。メモをヒントに、教えてあげてほしいにゃ。

1

昔のインドの皇帝が建てた、お妃様のお墓らしいにゃ。深い愛を感じるにゃ。

2

とにかく暑い日で、エジプトの砂漠で干からびそうになりながらとったにゃ。

3

ナゾの並べ方をされたナゾの石。昔のイギリスには、巨人が住んでいたのかもしれないにゃ。

4

カナダの山を登っていたら出会った絶景にゃ。標高 3,000 m を超える山がたくさんだから、飛んでこれてよかったにゃ。

世界一周総まとめクイズ１

5

引き潮の時だけ島に渡る道が
現れるなんて、 フランスは
世界遺産もなんかオシャレにゃ。

6

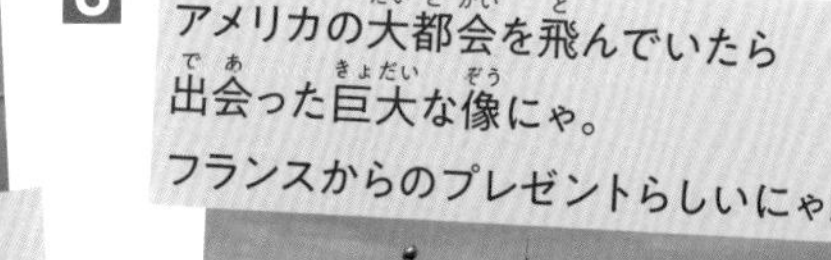

アメリカの大都会を飛んでいたら
出会った巨大な像にゃ。
フランスからのプレゼントらしいにゃ!

7

宇宙人のらくがきにも見える、
地面に書かれたナゾの
でっかい絵をペルーで発見にゃ。

8

え、 ウソでしょ? って思うくらい、
ずーっと先までお城が続いていたにゃ。
中国って奥が深いにゃ。

9

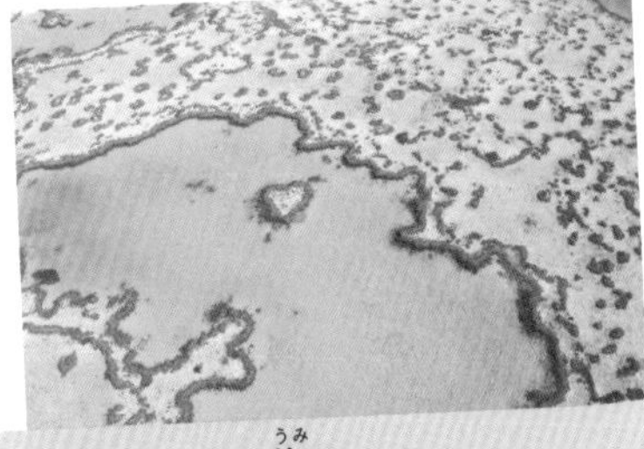

オーストラリアの海に、
ハートのサンゴ礁を見つけたにゃ!
いいことありそうにゃ。

10

古代ギリシャの神殿の遺跡にゃ。
ギリシャ神話ごっこをしたくなったにゃ。

答え Q1 ①タージ・マハル(インド) ②ピラミッド(エジプト) ③ストーンヘンジ(イギリス)
④ロッキー山脈(カナダ) ⑤モン・サン・ミッシェル(フランス) ⑥自由の女神像(アメリカ)
⑦ナスカの地上絵(ペルー) ⑧万里の長城(中国) ⑨グレート・バリア・リーフ(オーストラリア)
⑩パルテノン神殿(ギリシャ)

もう
ひといき
にゃ！

全問正解したら完全勝利にゃ！　全部まちがえたら…
何度でも最初から読み直してくるといいにゃ！

Q2

にゃんこたちが、各国を旅して
ご当地名物を食べた思い出を話しているにゃ。
205ページまでに紹介した国のうち、
どの国の話をしているのか、当ててほしいにゃ。

1

タコスを食べてたら、お店の人がサボテン料理をサービスしてくれたにゃ！サボテンがちくちくするか警戒してたけど大丈夫だったにゃ！

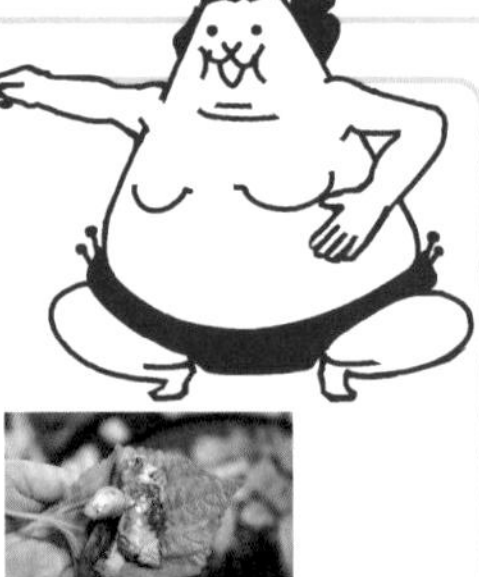

2

サムギョプサルっていう焼肉料理をたらふく食べたにゃ。今もキムチのにおいが口の中に残ってる気がするにゃ。

3

薪窯で焼かれた本場のナポリピッツァを食べたにゃ！具にお豆は入ってなかったにゃ。豆知識として伝えておくにゃ。

4

ボルタ湖を見ながら、現地でとれるカカオを使ったチョコを試食したにゃ！日本のチョコとは違うおいしさだったにゃ！

5

大きいのみっけ！と思ってかぶりつこうとしたら、動物の方のキウイだったにゃ。落ち着けって現地の人に注意されたにゃ。

世界一周総まとめクイズ2

Q3

ネコメダリストが、世界のいろいろな
1~3位にメダルをあげたいらしいにゃ。
リストを完成させてあげてほしいにゃ!

世界トップクラス
のあれこれ、
メダルで称えたいにゃ!

1

国土の面積の広さ

1位 ロシア
2位 □□□
3位 アメリカ

2

小麦の生産量(2020年)

1位 □□
2位 インド
3位 ロシア

3

人口の多さ(2021年)

1位 中国
2位 □□□
3位 アメリカ

2023年には逆転すると予想されている

4

石油(原油)の輸出量(2019年)

1位 □□□□□□□
2位 ロシア
3位 イラク

5

長い川

1位 □□□川(アフリカ)
2位 アマゾン川(南アメリカ)
3位 長江(アジア)

答え Q2 ①メキシコ ②韓国 ③イタリア ④ガーナ ⑤ニュージーランド
Q3 ①カナダ ②中国 ③インド ④サウジアラビア ⑤ナイル

全問正解で完全勝利をめざすにゃ！
全部まちがえたら…初心にかえって何度でも最初のページから読み直してくるといいにゃ！

※地図は一部簡略化しています。

3

アジアと
ヨーロッパに
またがる大国にゃ!

4

圧倒的な経済大国!

7

長い歴史を持ち、
急速に発展している、
アジアの大国にゃ!

9

サボテンが
名物にゃ!

8

国民の約9割が
仏教徒の国にゃ!

10

国土の真ん
中をアンデ
ス山脈が走
る国にゃ!

15

独自の進化を
した動物が
たくさんにゃ!

11

日系移民が
たくさん暮らして
いるにゃ!

世界一周総まとめクイズ3

Q4 地図を見て、国名を教えてほしいにゃ!

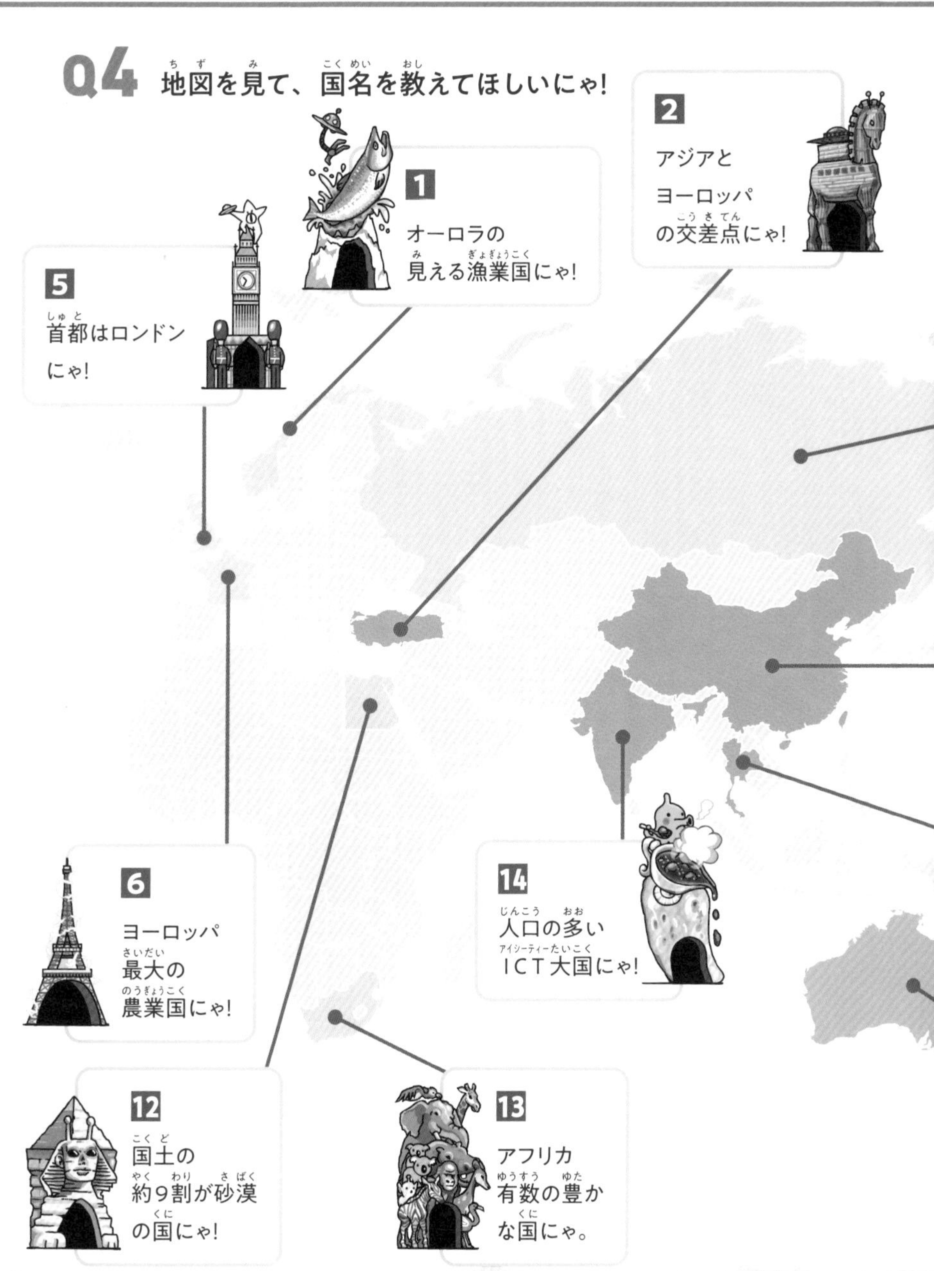

1
オーロラの
見える漁業国にゃ!
2
アジアと
ヨーロッパ
の交差点にゃ!
5
首都はロンドン
にゃ!
6
ヨーロッパ
最大の
農業国にゃ!
14
人口の多い
ICT大国にゃ!
12
国土の
約9割が砂漠
の国にゃ!
13
アフリカ
有数の豊か
な国にゃ。

答え Q4 ①ノルウェー ②トルコ ③ロシア ④アメリカ ⑤イギリス ⑥フランス ⑦中国 ⑧タイ ⑨メキシコ ⑩ペルー ⑪ブラジル ⑫エジプト ⑬南アフリカ ⑭インド ⑮オーストラリア

さくいん

[スタッフ]

構成・執筆：オオタユウコ

デザイン：百足屋ユウコ+小久江厚
（ムシカゴグラフィクス こどもの本デザイン室）

解説イラスト：ハセガワマサヨ、 アート工房

DTP：協同プレス

校正：鷗来堂、 マイプラン

協力：辻子依旦、 村山章、 野村紗羅、 山中絵美子
岡林秀征、 川田恵弥、 太田雄希

[写真提供・協力]

アフロ／日本アセアンセンター／ iStock ／ PIXTA

[地図提供]

ROOTS / Heibonsha.C.P.C / アフロ

[掲載している情報について]

・本書は 2023 年 3 ～ 6 月時点で得られた情報を基に作成しております。

・掲載している各国の主な基礎情報は、『データブック オブ・ザ・ワールド 2023 ー世界各国要覧と最新統計ー』（二宮書店）のほか、『中学校社会科地図』（帝国書院）、『世界国勢図会 2022/23 年度版（世界がわかるデータブック）』（矢野恒太記念会）、 2023 年 3 月時点の外務省ホームページに掲載された情報などを基にしております。

・人口・面積は 『データブック オブ・ザ・ワールド 2023 ー世界各国要覧と最新統計ー』（二宮書店）に掲載された 2021 年度時点の情報を参照しております。

・本書に掲載している地図は、 各地のポイントをしぼって紹介するため、 一部情報を簡略化しております。

・国名や地名、 国旗等は変更される場合があります。

・本書に用いている国名や地名は、 略称を用いている場合があります。

・本書においては学習の一助としてキャラクター・設定を使用しており、『にゃんこ大戦争』 の立場から日本・世界の地理的認識を示すものではありません。

・制作にあたりましてご協力いただきました皆様に、 厚く御礼申し上げます。

[おもな参考文献]

苅安望（2020年）.『改訂2版 世界の国旗図鑑　歴史とともに進化する国旗』偕成社.

公益財団法人 矢野恒太記念会（2022年）.『世界国勢図会 2022/23年度版（世界がわかるデータブック）』公益財団法人 矢野恒太記念会.

帝国書院（2021年）.『中学校社会科地図』帝国書院.

二宮書店編集部（2023年）.『データブック オブ・ザ・ワールド 2023 ―世界各国要覧と最新統計―』二宮書店.

外務省（2023年）.「国・地域」外務省ホームページ. https://www.mofa.go.jp/mofaj/area/index.html（閲覧：2023年3月20日）

外務省（2023年）.「キッズ外務省」外務省ホームページ. https://www.mofa.go.jp/mofaj/kids/index.html（閲覧：2023年6月30日）

NPO法人 世界遺産アカデミー（2023年）.「2023年1月時点での世界遺産」世界遺産検定. https://www.sekaken.jp/whinfo/list/（閲覧：2023年6月30日）

UNESCO World Heritage Convention（2023年）.「世界遺産リスト」UNESCO World Heritage Convention. https://whc.unesco.org/ja/list/（閲覧：2023年6月30日）

UNESCO（2019年）. "Combining Data on Out-of-school Children, Completion and Learning to Offer a More Comprehensive View on SDG 4" Information Paper No. 61 October 2019. https://uis.unesco.org/sites/default/files/documents/ip61-combining-data-out-of-school-children-completion-learning-offer-more-comprehensive-view-sdg4.pdf（閲覧：2023年3月20日）

Food and Agriculture Organization of the United Nations（2023年）."FAOSTAT | RANKINGS | Countries by commodity" Food and Agriculture Organization of the United Nations. https://www.fao.org/faostat/en/#rankings/countries_by_commodity （閲覧：2023年6月30日）

UN Sustainable Development Solutions Network（2023年）."The World Happiness Report 2023". Sustainable Development Solutions Network A Global Initiative for the United Nations. https://resources.unsdsn.org/world-happiness-report-2023（閲覧：2023年6月30日）

キリンホールディングス（2021年）「国別ビール消費量（年間）| 市場データ・販売概況」キリンホールディングス. https://www.kirinholdings.com/jp/investors/library/databook/beer_country/（閲覧：2023年6月30日）

国土交通省国土政策局（2017年）.「各国の国土政策の概要」国土交通省. https://www.mlit.go.jp/kokudokeikaku/international/spw/index.html（閲覧：2023年6月30日）

内閣府 経済社会総合研究所（2023年）.「GDPの国際比較 | 国民経済計算（GDP統計）」内閣府ホームページ. https://www.esri.cao.go.jp/jp/sna/menu.html（閲覧：2023年6月30日）

にゃんこ大戦争でまなぶ！ 世界の国

2023年９月１日　初版発行
2024年５月25日　３版発行

監修　ポノス株式会社
　　　井田 仁康（筑波大学人間系教授）
発行者　山下 直久
発行　株式会社KADOKAWA
　　　〒102-8177　東京都千代田区富士見2-13-3
　　　電話 0570-002-301（ナビダイヤル）
印刷所　図書印刷株式会社
製本所　図書印刷株式会社

●お問い合わせ
https://www.kadokawa.co.jp/（「お問い合わせ」へお進みください）
※内容によっては、お答えできない場合があります。
※サポートは日本国内のみとさせていただきます。
※Japanese text only

定価はカバーに表示してあります。

ISBN 978-4-04-606355-7　C6025